| 中山大学传播学人文库 |

公益传播：
理论研究与案例分析

GONGYI CHUANBO:
LILUN YANJIU YU
ANLI FENXI

周如南　等◎编著

中山大学出版社

·广州·

版权所有　翻印必究

图书在版编目（CIP）数据

公益传播：理论研究与案例分析/周如南等编著. —广州：中山大学出版社，2021.11

（中山大学传播学人文库）

ISBN 978-7-306-07203-0

Ⅰ.①公… Ⅱ.①周… Ⅲ.①慈善事业—传播媒介—研究 Ⅳ.①C913.7 ②G206.2

中国版本图书馆 CIP 数据核字（2021）第 079302 号

出 版 人：	王天琪
策划编辑：	金继伟
责任编辑：	杨文泉
封面设计：	曾　斌
责任校对：	邱紫妍
责任技编：	靳晓虹
出版发行：	中山大学出版社
电　　话：	编辑部 020-84110283，84113349，84111997，84110779，84110776
	发行部 020-84111998，84111981，84111160
地　　址：	广州市新港西路 135 号
邮　　编：	510275　　传　真：020-84036565
网　　址：	http://www.zsup.com.cn　　E-mail:zdcbs@mail.sysu.edu.cn
印 刷 者：	广州市友盛彩印有限公司
规　　格：	787mm×1092mm　1/16　12 印张　215 千字
版次印次：	2021 年 11 月第 1 版　2021 年 11 月第 1 次印刷
定　　价：	48.00 元

如发现本书因印装质量影响阅读，请与出版社发行部联系调换

序　言

互联网时代的公益传播新趋势[*]

以互联网为终端的一整套技术，彻底改变了信息传播和人们沟通的方式，并且带来了社会结构深层次的变化，对社会价值观、生活方式产生了冲击。它席卷了政治、经济、文化等社会的各个层面，我们认为它将会带来一场传播革命。互联网的普及，特别是移动互联网的兴起，给公众参与公益和公益组织的方式带来了重要的影响，使公益传播有了全新的形态、功能和价值。大数据的利用，给予公益传播更多的发展机会。事实上，互联网在公益传播领域的创新潜力，已经远远超出了我们的想象。

第一，互联网的普及为公益传播提供了高效、便捷、多元、低成本的工具。互联网的信息传递速度之快、资源共享度之广是传统媒体不可比拟的。互联网赋予每个人创造并传播内容的能力，以微博为始的社交媒体出现后，人们对话题的关注度精确到了秒，其即时化信息生产在一定程度上确保了新闻热点和社会焦点能够实现真正的实时更新。以互联网，尤其是以移动互联网为基石的新媒体作为一种参与式的互动传播媒介，改变了传统媒体时代自上而下的传播模式，不仅公益组织自身能够作为传播主体发布信息，公益参与者和普通公众也可以参与传播的过程，扩大传播的参与基础。同时，在互联网时代，传播媒介更为多元、反馈更为迅速，传播的目标从劝说和教育变成倾听、沟通对话和动员鼓励。

第二，互联网的发展促进了中国公益理念与实践的变革。互联网的出现革新了人们发布、接收信息的方式，打破了之前由少数权威机构和人士所垄断的话语权，并促进了公众理性、广泛关注社会事务、参与社会话题，从客观上推动了公民社会的进步，也推动了中国的公益事业从官办公益向全民公益、微公益的发展。在互联网平台上，越来越多的公众开始关注各种社会需求、保护弱

---

[*] 本文原刊于《新闻战线》2016年第8期。

势群体利益，推动社会公平和正义。互联网技术大大降低了公益传播与公益运营的成本，使公益项目的运作和参与门槛大大降低，很多草根公益组织与公益人完全借助博客、微博、微信等社交媒体以及手机App等成功实现了项目发起、传播推广、资源筹措和志愿者招募等一系列活动。移动支付的发展使得捐赠行为的门槛以及资源流通的难度降低，这一切都极大地推动了全民公益理念与实践的形成。

  第三，大数据的挖掘使得公益传播趋向专业。众所周知，在大数据时代，数据作为与人、财、物比肩的资源，正在成为公益组织的财富和创新的基础。通过数据的挖掘和分析，组织可以精准掌握受众的人口学特征、媒介使用习惯与网络心理，即可针对受众的特点深入制定组织在传播倡导、筹资营销等方面的技巧和策略，为公益传播决策提供全方位、多层面的参考，使传播行为更具针对性，传播效果更具精准性，传播资源得到更进一步的整合和利用，传播的导向判断和趋势把握也更加有据可依。大数据的应用使得公益组织针对受众"定制"个性化的传播方案成为可能，划时代地打破了以往公益组织在传播与营销资源上的弱势局面。

  互联网以强大的社会动员力与凝聚力全方位推进公益传播的发展。与以往相比，移动互联网的普及更使得公益传播的主体及传播渠道发生了巨大的变化，其独特的平台属性颠覆了传统媒体时代的传播方式，为互联网时代的公益传播带来了全新的特征。

  一是个性化。基于互联网上的社交媒体是众多个体的聚合，它以非组织性的用户为主体，将网络上的一个个用户联系起来，通过用户间的协同合作实现其公益价值。正因为如此，社交媒体中公益传播的内容和题材的选取能够更多地体现个体的需求和特质，在主题筛选、表达形式和表现风格上具有较强的个性化色彩。这种个性化的公益传播，从某种意义上讲，表达出了更多的公益需求，形成了更加丰富的观点，将个体的力量汇聚起来，创造巨大的传播价值，这也是对政府、企业、传统媒体主导的公益传播的有力补充。

  二是公共化。互联网具有自由、开放、互动、社区化的特点，能够促进以社交媒体为基础的社会网络的形成。在公益传播的过程中，公益组织作为传播主体，主要表达的是公共利益需求，而互联网则不仅是公众表达意见和见解的平台，也是公众监督公益行为的渠道。从对公益信息由认知、接收到自主传播、付诸行动再到监督、管理的过程中，公众的公益传播理念在不断地发展，公民意识及参与热情获得了提升。

三是多元化。互联网实现了公益传播平台的多元化。往往一个成为社会热点的公益活动不仅会被许多网络媒体报道，也能吸引传统媒体的关注和支持。社交网络、即时通信等多平台之间的信息充分互动，涵盖人际传播、组织传播、大众传播等各种传播形态，传统媒体与网络媒体相互设置议程，共同推动事件的发展，体现了传播渠道的多元化与各平台之间的互动连通性。在这个过程中，公众依托互联网形成的个体力量的汇合与政府、企业、传统媒体以及公益组织的力量形成对接与整合，集结线上线下的资源，实现各种传播媒介的整合，促进了多元传播主体的互补。

新媒体低门槛、互动性、参与性的特点使得它在推动公益实践发展方面具有得天独厚的优势。它能调动每个个体的积极性，汇集民众的力量，将来自民间的、广泛的公益热情和诉求展露无遗。在"免费午餐""大爱清尘"等种种成功的公益项目的开展和推进过程中，互联网发挥了不可替代的作用，在快速汇集公民的公益意愿和捐赠的同时，也让全民公益的理念和文化得到了最广泛的自动传播。加之大数据的支持，使得资助方与受助方的需求得到收集、分析与汇总，在公益传播链上以往只是细枝末节的地方如今也可以被关注。互联网拓展了公民公益的公共空间，使公民对具有公共意义的社会事件的参与度和关注度空前提高，成为中国公民社会成长的重要助推器。可以说，与互联网、新媒体、大数据的结合，是公益传播发展史上一个重要的转折点。

首先，以意见领袖为中心。互联网是一个信息开放的环境，具有一呼百应的号召力，为公益事业提供了适宜生存的土壤。由意见领袖发起倡导的、点对点的直接公益是互联网时代公益传播的一个显著特点。这些意见领袖包括著名学者、企业家、社会精英、影视明星等，他们以社交网站等新媒体为平台，通过自身的影响力和社会关系，迅速吸引普通民众的关注进而参与到具体的公益活动中。

其次，自下而上，由民间推动。互联网时代的公益传播充分利用了新媒体的大众性、草根性、即时性、参与性，极大地促进了公益的平民化、常态化，使得公益更像是一种生活方式，不仅推动了民间公益事业的发展，更传递了一种"人人公益"的理念。近来，新媒体作为一种社会化程度高、成本低廉的新兴媒体形式，给公益传播提供了一个全民参与的渠道，发挥出极大的社会动员力。

最后，助力企业履行社会责任。新媒体带来了网络营销的新时代，在越来越注重企业社会责任的今天，互联网所引导的公益传播也为企业实现社会责任

（corporate social responsibility，CSR）目标、开展公益营销提供了一个绝佳的舞台。越来越多的企业通过公益平台对原有营销模式进行公益优化，与公众、政府、媒体、社会组织等多个利益相关方实现多层次的对话与合作，巩固社会关系，共同解决社会问题，提升自我品牌魅力，提高企业综合竞争力。这令中国的CSR真正进入公众视线，是互联网助力公益事业与公益传播的创举之一。

互联网使得每个人的力量都变得很重要，每一分钱、每一天的"微公益"并不是想象中那样"微不足道"，世界已从"少数人做很多"变为"每个人都做一点点"。网络高效的互联互动，给无助的人们构筑了一个寻求帮助的新平台，给善良热心的人们提供了帮助他人的新途径，使得公益传播变得更为简单、直接和有力。互联网给公益提供了广阔发展的天地，并以一种独特的方式为公益事业的发展注入了生机和活力。大数据时代的到来，为公益传播的信息化发展带来了新的局面。科技日新月异，虽然"阿法狗"（AlphaGo）下棋赢了人类，但人类科技的发展征途永远是星辰大海。未来改变公益传播的将是什么？是移动支付、人工智能、虚拟现实，还是另外一些我们未知的领域？让我们继续保持期待。

目　录

第一章　公益传播的基础概念与理论 …………………………………… 1
第一节　公益传播的相关概念 …………………………………………… 1
一、公益的含义 ……………………………………………………………… 1
二、公益传播的含义 ………………………………………………………… 2
三、公益传播的新模式 ……………………………………………………… 3
第二节　公益传播的研究范围 …………………………………………… 4
一、公益传播的效果 ………………………………………………………… 4
二、公益传播的渠道 ………………………………………………………… 5
第三节　公益传播的基本理论 …………………………………………… 20
一、公众倡导 ………………………………………………………………… 20
二、第三部门 ………………………………………………………………… 21
三、公益传播四维框架理论 ………………………………………………… 24

第二章　特殊群体领域的公益传播案例 ……………………………… 27
第一节　善导公益的应用戏剧《五年级的交叉点》社区服务传播
案例研究 ……………………………………………………………… 27
一、应用戏剧的社区服务 …………………………………………………… 27
二、善导公益的应用：戏剧与广东流动儿童问题 ………………………… 28
三、解析《五年级的交叉点》应用：戏剧的制作与传播规划 …………… 30
四、流动儿童应用戏剧的困境与建议 ……………………………………… 34
第二节　广州市金丝带特殊儿童家长互助中心公益传播机制研究 …… 37
一、儿童期癌症与广州市金丝带特殊儿童家长互助中心 ………………… 37
二、广州市金丝带特殊儿童家长互助中心传播的策略分析 ……………… 40
三、广州市金丝带特殊儿童家长互助中心传播的困境分析 ……………… 48
四、传播建议和总结 ………………………………………………………… 51

第三节 满天星公益"童书乐捐"项目传播案例研究 …………… 53
　一、满天星公益与"童书乐捐"品牌项目 …………………… 54
　二、"童书乐捐"项目传播策略分析 ………………………… 55
　三、"童书乐捐"项目传播困境与建议分析 ………………… 59
第四节 认知失调与资源依赖的转向：不同组织生命周期下，
　　　　扬爱特殊孩子家长俱乐部的传播策略探析 ……………… 62
　一、受忽略的残障儿童的家长群体 …………………………… 62
　二、广州市扬爱特殊孩子家长俱乐部 ………………………… 64
　三、理论基础 …………………………………………………… 65
　四、扬爱特殊孩子家长俱乐部的发展历程及特征分析 ……… 68
　五、扬爱特殊孩子家长俱乐部的传播策略演变 ……………… 71
　六、扬爱特殊孩子家长俱乐部资源依赖策略的运用与转变 … 75
　七、扬爱特殊孩子家长俱乐部资源依赖策略的演变 ………… 78
　八、扬爱特殊孩子家长俱乐部的发展困境与对策 …………… 79
第五节 腾讯"用艺术点亮生命"公益传播案例研究 …………… 83
　一、新媒体公益与微公益 ……………………………………… 83
　二、"小朋友画廊"H5 ………………………………………… 85
　三、"使用与满足"理论 ……………………………………… 86
　四、"小朋友画廊"H5传播策略分析 ………………………… 86
　五、对"小朋友画廊"H5传播的不足的分析与总结 ………… 91
第六节 海珠区君诺未成年人保护公益服务组织传播案例分析 … 93
　一、未成年人公益诉求与君诺未成年人保护公益服务中心 … 93
　二、公益传播的主体构成——四维框架 ……………………… 94
　三、海珠区君诺未成年人保护公益服务中心传播策略分析 … 95
　四、对海珠区君诺未成年人保护公益服务中心传播的不足的
　　　分析 ……………………………………………………… 96
　五、建议与总结 ………………………………………………… 97

第三章 环境保护领域的公益传播案例 …………………………… 100
第一节 中国导盲犬南方示范基地公益传播案例探析 …………… 100
　一、导盲犬概述 ………………………………………………… 100
　二、中国导盲犬南方示范基地 ………………………………… 101

三、建议与总结……………………………………………………… 106
　第二节　阿拉善SEE基金会"任鸟飞"公益项目传播案例研究…… 110
　　一、阿拉善SEE基金会与"任鸟飞"公益项目 ………………… 110
　　二、"任鸟飞"项目传播策略分析 ………………………………… 111
　　三、"任鸟飞"项目传播总结与建议 ……………………………… 112

第四章　公益教育领域的公益传播案例……………………………… 114
　第一节　"青杏"传播策略研究及性教育"套送有缘人"
　　　　　活动策划案………………………………………………… 114
　　一、中国性教育背景与"青杏" ………………………………… 114
　　二、"青杏"传播现状分析 ………………………………………… 116
　　三、"套送有缘人"传播方案 ……………………………………… 117
　第二节　广州市母乳爱"母乳喂养快闪"公益传播案例研究 …… 119
　　一、母乳爱机构与Big Latch On ………………………………… 119
　　二、公益传播四维框架 …………………………………………… 121
　　三、"广州塔·母乳爱·母乳妈妈都是小蛮腰"与"母乳爱，
　　　　生命之源"活动传播策略分析 ……………………………… 123
　　四、四维框架下的母乳爱活动总结与展望 ……………………… 129
　第三节　毕业后公益图书室传播案例研究…………………………… 131
　　一、我国欠发达地区教育资源概况与毕业后公益图书室 ……… 131
　　二、毕业后公益图书室传播现状与策略分析——以"百强社会
　　　　责任偶像应援计划"公益项目为例 ………………………… 133
　　三、新媒体环境下公益传播渠道的发展策略…………………… 135

第五章　平台支持型公益领域的公益传播案例……………………… 140
　第一节　公益咨询机构概述…………………………………………… 140
　　一、公益咨询机构简介…………………………………………… 140
　　二、中国公益咨询企业的历史沿革……………………………… 141
　　三、中国公益咨询行业概况及代表机构………………………… 141
　第二节　和众泽益公益咨询机构的受众分析………………………… 143
　　一、和众泽益的简介……………………………………………… 143
　　二、和众泽益的特色……………………………………………… 144

三、和众泽益的受众分析………………………………………… 145
　　四、总结与建议…………………………………………………… 153
第三节　米公益平台三角利益协同机制研究………………………… 155
　　一、米公益的简介………………………………………………… 155
　　二、理论模型……………………………………………………… 156
　　三、米公益与企业间支持型合作关系分析……………………… 159
　　四、米公益与公益组织间联动型资源共享模式分析…………… 162
　　五、米公益影响公众参与公益的服务设计分析………………… 165
　　六、总结…………………………………………………………… 170
第四节　颗粒公益：探讨影像传播在公益中的应用和价值………… 173
　　一、颗粒公益的简介……………………………………………… 173
　　二、影像传播服务………………………………………………… 173
　　三、颗粒公益的成就与困境……………………………………… 177
　　四、思考与探索…………………………………………………… 178
　　五、结语…………………………………………………………… 180

后　记……………………………………………………………………… 181

第一章　公益传播的基础概念与理论*

中国自古以来就有公益慈善的传统——"积德行善""扶贫济世",但公益传播——年轻的传播学分支,在中国则尤其方兴未艾。公益传播可能未被公众所熟知,但有一些传播活动是常见的:众筹、劝募、环保呼吁、抗震救灾,这些都与公益传播有关。那么,公益是什么?公益传播又是什么?公益传播研究什么?用什么方法去研究公益传播?本章试图解答这些问题。

第一节　公益传播的相关概念

一、公益的含义

"公益"一词从源头考,它是一个地道的舶来词语,外国学者常以 public welfare 指代公益,表示与社会公众有关的福祉和利益。"公益"一词最初由日本传入中国,五四运动之后才出现,表示"社会的公共利益",最早的出处见鲁迅的文章《准风月谈·外国也有》:"只有外国人说我们不问公益,只知自利,爱金钱,却还是没法辩解。"[①] 公益的发展是在保护弱势群体,从而促进社会公平,以缓和社会矛盾。它能够提高政府效率,促进政府向服务型政府转变,发展公益事业对增强公民的社会责任感、提升公民的整体道德素养有着重要作用,因此发展公益有助于国家实现和构建和谐社会的重要目标。

---

* 本章主要内容详见周如南编著《公益传播》,西安交通大学出版社 2019 年版。
① 百度百科:http://baike.so.com/doc/5397762-5635111.html("公益"词条)。

二、公益传播的含义

公益传播，是政府、组织、媒体以及个人等不同传播主体围绕社会全体成员或大多数人的利益、基于社会公益事业的发展而展开，并通过不同媒介渠道向大众传递行为方式与价值理念，旨在为广大受众传递积极向上、仁爱济世的精神，以期能在现实层面巩固或者重塑受众既有观念，并对其现实操作与表现释放正能量与正导向的信息传播活动。①

学者马晓荔、张健康提出，公益传播是指具有公益成分、以谋求社会公众利益为出发点，关注、理解、支持、参与和推动公益行动、公益事业，推动文化事业发展和社会进步的非营利性传播活动。② 媒介技术的不断发展也促进着公共讨论的发展，对公民参与公益事业与公共生活产生了积极的影响，公益传播成为传播学领域中越来越重要的研究对象。公益传播的本质也是这样，把理念和价值通过互联网传递出去，并因此形成一个基于价值观认同的社区和社群。当这个社群足够强大的时候就会产生很大的力量。

公益传播不仅能够为媒介带来以公众利益和普世价值为基础的社会影响力，还可以为普世价值的传递提供高效的平台，从而使得媒介的理念与品牌价值和普世价值连接在一起。学者王炎龙等认为，公益传播的特点是在传播主体社会背景的共同影响下展开的，并从媒体公益传播、企业公益营销、政府公益管理和民间公益参与维度方面展开分析。

公益传播在社会发展与和谐进步的过程中起着举足轻重的作用。公益传播所倡导的积极人生价值观和符合人性的道德规范，就犹如一条承载人类共同感情和记忆的纽带，有一种文化整合的作用。③

---

① 王勃：《基于微博平台的公益传播研究》，陕西师范大学2013年硕士学位论文。
② 马晓荔、张健康：《公益传播现状及发展前景》，载《当代传播》2005年第3期，第23-25页。
③ 张晓黎：《公益组织传播方式与传播效果研究——以中国红十字会为例》，上海外国语大学2014年硕士学位论文。

三、公益传播的新模式

（一）基于信条的提升方式

我们都知道，信条可以给人以形象、个性、身份。听一个人说什么话，我们就不难想象他是一个什么样的人，包括他是如何穿戴、如何生活的，他的喜好是什么。因此，我们可以用一个简明扼要的信条来标榜公益组织的品牌，让这一信条赋予其明确无误的身份。

（二）基于缺憾的提升方式

这种方式是以缺憾补偿法则为其依据的，品牌应当帮助目标客户抵消令其感到困扰的内心缺憾。主要的操作方式：让公益组织品牌有的放矢地传递目标客户最渴望拥有的那种价值。一个品牌如能赋予其目标客户某种强烈追求的内在价值，他便提供了一个颇为诱人的购买动机。

当然，我们不应该过分补偿消费者的内心缺憾，因为心理学研究已经证明，宣称自身追求至善至美的价值的品牌恰恰让消费者感到承受不起，消费者会感到自己无法达到品牌所传递的高质量要求。品牌形象提升的成功与否，往往取决于品牌形象意蕴能在多大程度上弥补消费者内心的缺憾。根据国际品牌网数据分析，通过补偿缺憾来提升品牌形象的模式对年轻人最为有效，年轻人还在寻找一种稳定的身份，因而对具有显著形象意义的品牌反应特别敏锐。

（三）明星推广方式

追星族对明星的狂热崇拜在普通人看来是不能理解的，但如果公益组织的品牌也能有像明星在追星族心中一样的地位，那么公益组织品牌的影响力将会非常大。如何把自己的品牌打造成明星式的品牌呢？我们可以参考好莱坞明星成名的经历，即利用电影来让亿万观众对各类明星熟知，借助明星自身的影响力来让公益品牌为大众所熟知。例如"嫣然天使基金会"与"壹基金"，李亚鹏、王菲、李连杰分别是这些公益组织的创始人，他们特殊的明星身份与明星效应，也使得这些组织得到更加迅速的发展。

第二节 公益传播的研究范围

公益传播的研究范围主要集中在公益传播的渠道和效果方面，在传播渠道中，主要有大众传播渠道、人际传播渠道、网络传播渠道和其他传播渠道。前三个传播渠道的形式在当下的公益传播中具有重要的作用，其中，网络传播渠道的范围和受众越来越广泛。在传播效果中，公益传播效果可以从认知层面、心理和态度层面以及行动层面三个角度得到体现。

一、公益传播的效果

传播效果具有双重含义：一是指带有说服动机的传播行为在受传者身上引起的心理、态度和行为的变化；二是指大众传播媒体的活动对受传者与社会所产生的一切影响和结果的总和。这两者共同构成了微观过程分析，以及对传播效果的综合、宏观过程的考察。

传播效果分为三个层面，即引起人们知识量的增加和知识构成的变化，属于认知层面上的效果；作用于观念或价值体系而引起情绪或感情的变化，属于心理和态度层面上的效果；这些变化通过人们的言行表现出来，属于行动层面上的效果。

对于受众而言，这三个层面可以进行严格的区分，同时也是测量其满意程度的三个递进标准。认知的效果即通过对人们记忆系统的影响，从而引起人们知识构成的变化和知识量的增加；心理和态度的效果即作用于人们的看法、观念和价值观层面，从而引起情感的变化；行动的效果是基于前两个层面所引发的行为变化。

以"免费午餐"公益项目传播效果为例，首先从微观受众角度出发，按照认知、心理和态度、行为三个层面进行观察。认知层面从"免费午餐"的媒介传播角度出发，包括这几年来自官方网站新闻信息的记载，以及媒体报道和各大主流视频网站的微电影宣传，从线上到线下，从虚拟到现实，全方位地扩大"免费午餐"的正面影响；心理和态度层面主要从"免费午餐"主要传播媒体的新浪微博开始，通过有效的微博转发及评论次数，分析受众对"免费午餐"的知晓情况，实现由不解到信任再到参与等一系列的态度转变；行为层面是指受众对"免费午餐"活动的实际参与，将认同转化为行动，促进"免费午餐"的发展壮大，同时推动了国家相关政策的执行。

二、公益传播的渠道

在传播学领域中，与传播渠道相关的最早的研究者是传播学的奠基人哈罗德·拉斯韦尔。他在《社会传播的结构与功能》一文中，提出传播过程的五个基本要素：谁、说什么、对谁说、通过什么渠道和取得什么效果，用一句话概括就是，"Who says What in Which channel to Whom with What effects"[①]，这句话概括了人类传播的全部过程。"5W"模式从传播者、传播内容、传播渠道、传播对象和传播效果五个方面阐释了传播的过程。

传播渠道可以分为大众传播、组织传播、人际传播、网络传播及其他，但是在公益传播的过程中，主要是大众传播、网络传播、线下活动、人际传播的作用最突出。所以，下面将从这四个方面分别进行讲述。

（一）大众传播

大众传播是指专业化的媒介组织运用先进的传播技术和产业化手段，以社会上一般大众为对象而进行的大规模的信息生产和传播活动。[②] 我们的时代是一个大众传播的时代，大众传播渗透社会生活的每个角落，公益组织的一切活动也离不开大众传播。作为最重要的信息系统，大众传播应该成为公益组织最重视的公共关系工具之一。现代社会有八大大众传播媒体，分别是图书、报纸、杂志、电影、广播、电视、音像制品和网络，它们特征各异，但都是大众传播媒体的重要组成部分，对现代社会产生巨大而普遍的影响。特别是随着网络时代的到来，裹挟着自媒体传播的热潮，给传播带来了前所未有的新内涵、新生态与新特征。本节将用单独一个部分来讨论网络传播，因此，此处所讨论的内容不包括网络。

1. 大众传播媒体的种类

（1）书籍。根据联合国教育、科学及文化组织对书籍的定义，书籍是指

---

① 周裕琼：《5W模式下的企业传播技巧》，载《当代传播》2007年第3期。
② 郭庆光：《传播学教程》，中国人民大学出版社2011年版，第98页。

在一个国家出版并使公众可以得到，不计算封面、封皮在内，不少于49页的非定期的印刷出版物。书籍对信息内容的处理较有深度，可以对某一专题做深入的介绍和探讨，可用于提供公益组织自身的专门知识与形象描述，方便有需要的公众，资料性强，保存价值高。但书籍的出版周期较长，对内容的专业性要求较高，传播影响面较窄。

（2）报纸。报纸是公众经常接触的大众传播媒体，以刊载新闻和评论为主，发行量大，覆盖面广，有固定读者，传播效果稳定。报纸可以提供深度报道，大版面的使用可以增强议程设置的作用，且存储方便，易于翻阅和传阅。报纸的权威性可以增强社会组织活动、项目等信息的可信度，使得公众更容易接受公益组织的信息传递。但由于报纸时效性较强，信息保存时间较短且容易过时，读者往往不会反复阅读。

（3）杂志。杂志是定期出版的、具有特定范围和相当容量的印刷媒体。在信息传播上，杂志具有深度、广度、专业性和权威性，信息保存时间长，可以为公益组织提供全面的深度报道和专题报道，且内容专一、读者固定，信息可以有效地到达目标受众。杂志一般印刷精美，图文并茂，因此，杂志对读者的吸引力较强。但由于出版周期相对较长，杂志并不适宜做时效性较强的传播。

（4）电影。电影是一门利用、借鉴和综合了科技、戏剧、绘画、文学、音乐等多种手段的独特的艺术。电影极具感染力和表现力，能牵动公众的情绪，达到良好的传播效果。随着数字电影和"微电影"的兴起，制作电影的成本和技术要求大大降低，电影开始为公益组织所广泛运用，成为叙述组织故事、传播组织理念、推广组织项目的一个有力工具。

（5）广播。广播是以声音传递信息的电子媒体，传播迅速，覆盖面广，对受众几乎没有文化程度的要求，可以到达公益组织各类型的服务对象，且播出时间和收听时间基本同步，适宜传播时效性强的信息。广播对听众状态的要求较低，听众可以一边收听一边进行其他活动，非常方便。但广播所传递的信息稍纵即逝，如不录音就无法保存，而听众的注意力易分散。因此，广播所传递的信息不容易被听众理解和记忆。

（6）电视。电视是集文字、声音、图像于一体，综合听觉和视觉效果的传播工具，现场感强。电视节目可容纳丰富多元、生动有趣的信息，形式多样，非常受公众的欢迎。因此，电视具有非常广泛的受众，传播迅速，传播效果好，具有强大的影响力。但是，电视节目的制作要求较高，对公益组织而言，利用电视做传播的成本相对昂贵。

（7）音像制品。音像制品是指录有内容的录音带、录像带、唱片、激光唱盘、数码激光视盘及高密度光盘等。而数字光盘技术的运用，使音像制品得到长足发展，具有容量大、体积小、成本低、检索方便、容易复制和保存等优点。公益组织可利用音像制品进行记录活动、资料归档等，亦可向受众发售、赠送，以作为组织信息传播的工具。

2. 大众传播的传播特征

（1）大众传播的传播者具有专业性。大众传播是有组织的传播活动。大众传播的传播者是从事信息生产和传播的专业化媒介组织。这些组织包括报社、杂志社、出版社、广播台、电视台以及以大量生产为目的的各种音像制作公司等。从业者都是经过专业训练的职业信息传播人员。从这个角度看，大众传播的传播者具有一定的专业性和权威性，因此，大众传播往往有自己的传播理念和信息选择标准。

（2）大众传播运用先进的传播技术。大众传播是运用先进的传播技术和产业化手段大量生产、复制和传播信息的活动。大众传播的出现和发展离不开印刷媒体以及电子传播技术的进步。高速轮转机的发明使报刊等印刷物的大量出版成为现实，电子通信技术使广播、电视成为远距离大量传输信息的媒介。现在，激光排版、电脑编辑、卫星通信、数字化多媒体技术等进一步扩大了大众传播的规模、速度和效率。[1]

（3）大众传播的对象是社会上的一般大众。大众传播是面向社会大众的，它满足社会上大多数人对信息的需求。无论性别、年龄、职业、文化水平如何，任何人只要接触到大众传播的信息，便是大众传播的受众。大众传播跨阶层、跨群体，受众人数多，传播面积大，影响非常广泛，因此，大众传播的效果也比较稳定。

（4）大众传播具有很强的单向性。在大众传播过程中，传播者与接收者之间的信息传播活动的反馈大多是事后的，缺乏即时性和直接性。大众传播的单向性主要表现在两个方面：一是媒介组织单方面提供信息，受众只能在提供信息的范围内进行接触和选择，具有一定的被动性；二是没有灵活有效的反馈渠道，受众对媒介组织的活动缺乏直接的反作用能力。[2] 因此，大众传播的互

---

[1] 郭庆光：《传播学教程》，中国人民大学出版社2011年版，第99页。
[2] 郭庆光：《传播学教程》，中国人民大学出版社2011年版，第100页。

动机制是比较弱的。

3. 公益组织公共关系的大众传播媒介选择

从历史来看，报纸和杂志等印刷媒介比较有权威性；而广播和电视等电子媒介在传播速度上及范围上有优势，但具有较高的专业技术要求，因此成本更高。事实上，随着现代大众传播媒介的发展，不同媒介之间，传播优势的差距渐渐缩小，例如，报纸通过电子排版和改进印刷技术使传播速度大为提高，电视通过增加播出时间将报道做深做细。公益组织在选择大众传播媒介的时候，要综合考虑受众和传播效果的问题。

从受众来看，收入和知识水平较高者喜欢印刷媒介，收入和知识水平较低者喜欢电子媒介。要达到较好的传播效果，建议同时使用两种以上的大众传播媒介进行传播，尤其是印刷媒介和电子媒介的交叉使用，这样的好处是不同的传播媒介的优弱势得以互补，同时还可以覆盖不同的受众阶层。印刷媒介和电子媒介两者都有固定受众存在，社会组织要有受众意识，懂得受众心理。

表1-1是对不同的信息如何选择大众传播媒介的建议，在实际选择过程中，要根据具体情况，如传播内容、传播目的、目标受众、经济预算等要素进行选择。

表1-1 公益组织信息传播与大众传播媒介选择

信息种类	第一选择媒介和理由	第二选择媒介和理由
公共信息	报纸——有深度、详细，可重复阅读，易于保存	电视、广播——传播面广，速度快
宣传信息	电视——传播面广，形象生动	广播、报纸——传播范围大，内容详细
协调信息	杂志——适用于详细说明、解释，针对性强，专业性强	报纸、电视——解释性强，受众层次广
服务信息	报纸——解释性强，信息可以回馈	电视、杂志——传播速度快，专业性强，信息可以回馈

4. 公益组织与大众传媒合作关系的形成

第一，公益组织应该与大众传媒保持良好的互动，良好的互动是合作关系的基础。公益组织要尽量尊重大众传媒的传播理念和信息选择标准,提供真实的信息,以平等的姿态相处,保持长期的友好往来。

第二,公益组织应该向大众、传媒积极提供信息。公益组织要建立固定的信息发布渠道,设置专人来负责与大众传媒的联络,积极主动地提供信息,尽可能方便大众传媒对组织信息进行及时、深度的传播。

第三,公益组织应该主动进行议程设置。作为信息源,公益组织要善于策划新闻报道主题,主动邀请媒体到组织或活动现场采访,进行事件传播。

第四,公益组织应该掌握和利用大众传媒进行公共关系的时机。公益组织要熟知大众传媒的运作特点,灵活选择和利用适合当时传播情境及受众的媒介。

(二) 网络传播

随着网络的飞速发展和普及,网络传播异军突起,并且越来越受到重视。网络传播以计算机网络为基础,借助数字技术和多媒体技术,使人类能够便捷地进行社会信息的传播活动。[1] 网络传播是革新性的,它开放、快速,具备交互功能,受众反馈迅速,信息内容包罗万象,不仅有传统媒体的优点,而且突破了人际传播一对一或一对多的局限,在总体上形成了一种多对多的网状传播模式,为各类媒介的融合提供了便利。截至2015年6月,中国网民规模达6.68亿,手机网民规模达5.94亿,互联网普及率为48.8%。[2] 网络积累了相当庞大的用户基础。随着移动互联网的迅猛崛起,网络传播将日益蓬勃发展。

1. 网络传播媒介的种类

(1) 异步传播。异步传播指的是受众可以选择在任何自己愿意的时间接触传播者传递的信息。在网络传播中,异步传播的媒介主要包括电子邮件、电子论坛、博客、播客、社交网站、微信公众号等。受众根据自己的时间安排去获取当前或早前的信息,而且信息的保留不会受到时间的限制,对于需要接收的信息受众不需要做出时间上的迁就,对于其需要获取的信息也不会错过;传播者可以在受众"不在场"时传递信息,并不需要寻找或等待受众。在传统媒体时代,印刷媒体也属于异步传播的媒介。然而,在浩如烟海的纸质媒体中,受众想要找到需要的信息是十分不便的,而且印刷媒体所承载的信息量也

---

[1] 严三九:《网络传播概论》,化学工业出版社2012年版,第4页。
[2] 中国互联网络信息中心:《第36次中国互联网发展状况统计报告》。

是有限的。而网络则克服了这些弊端,不仅给受众提供了异步接收海量信息的能力,也为受众在较适宜的时间收发信息、查找信息提供了更好的条件,这使传播系统的一部分控制权由传播者转移到接收者,也因此提高了网络传播的普适性。

(2) 同步传播。同步传播指的是受众必须实时接收传播者传递的信息。在网络传播中,同步传播的媒介主要包括网络即时通信(网络电话、网络视频会议等)、即时信息发布(滚动新闻、同步直播等)等。这使得信息传播几乎完全克服了时间和空间的限制,使得传播方(传播地)与接收方的"无缝连接"成为现实。人们之间所进行的信息交流活动能以极高的速度实时获取。在传统媒体时代,电子媒体也属于同步传播的媒介。虽然它们在传递和收集信息的过程中可以把彼时彼地转化为此时此地,但在传播时,受众只能被动地接收信息,而不能对这些信息进行实时反馈。网络创造的即时通信的虚拟空间,不仅可以让声音、图像、视频等同步被受众接收,传受双方还可以根据这些信息进行实时的互动和反馈,这种双向性提高了信息传播的效率。

2. 网络传播的特征

(1) 开放性。网络的开放性是指它可以进行各种类型的信息服务连接,这些信息可以来自各种类型提供者的连接,可以给各种类型的用户使用,可以经过各种类型的网络服务机构,而且,这种连接是没有障碍的。[①] 理论上,只要拥有可以连接互联网的设备,任何人都可以获取信息和进行信息传播。应该说,网络赋予更多人传播信息的权限,使信息更自由地流通。

(2) 广容性。网络采用了比传统信息处理方式更为先进的数字化的记录和传输方式,拥有超级信息资源存储量。传统媒体信息的容量是有限的(印刷媒体受版面限制、电子媒体受时段限制);而网络传播信息的容量却是无限的。在传统媒体上,由于信息容量受限制而削减素材的问题,网络可以很好地解决。网络每日吞吐的信息量是无限的,是容量最大的传播介质。

(3) 连续性。网络传播的连续性表现在其对信息结构的链式处理上。网络传播可采用超链接的方式,如受众在读一个文本时可以链接到许多其他相关信息中,在搜索引擎中输入关键词,可以立刻看到相关条目的详细内容。各类信息可以在网络上得到更为充分、连贯的呈现。在那些信息资源浩瀚齐全、分类清晰、易于查询的网站,网络传播的连续性更加显著。

---

① 郭良:《网络创世纪——从阿帕网到互联网》,中国人民大学出版社1998年版,第170页。

(4) 共享性。共享性是指当用户连接网络时，就可以突破时空的限制，分享到网络上几乎所有公开的信息资源，如市场信息、科技信息、政治信息、社会信息等各类资料。网络拓展了人们选择、利用和共享信息资源的范围，这也意味着网络传播具有成本低、扩散快、复制易的特点，信息的传播规模往往在传播活动之初呈几何倍数增长。

(5) 交互性。交互性是指网络中的信息交流方式表现为实时交互操作的方式。一方面，交互性体现为人与机器的互动，电脑或移动设备以日益人性化的界面、对话框、提示语等的交流方式实现与人的互动；另一方面，交互性体现为人通过机器与他人的交流互动。[1] 这种交互性大大提高了网络中社会交往的水平，使得网络成为一种具有动态特色的交流系统。

(6) 多元性。广播、电视等传统媒体在表现形式上多数只能运用一种或两种信息，比较单调；而网络传播则表现在媒体形式的多样性上，网络与"多媒体"息息相关，它将文字、声音、图像、动画、视频等多种媒体表现形式综合起来，以数字信号的形式再现。这种再现是对传播源的形象、声音、图形等原始信号的直接模拟，解决了传统媒体深度与广度难以兼顾、动静难以两全的难题，向受众提供沉浸式的体验，减少了信息表现力的失真。

(7) 平台性。准确来说，网络媒介应该是"媒介平台"，它不仅仅是信息传播的中介，更是一个可以使信息即时兑现转化成行为的平台。比如，公众看到公益组织的募捐，可以马上用电子钱币进行捐赠；看到活动信息，可以立即完成报名；看到公益服务或产品资讯，可以马上下订单。一些在阅读信息时产生的暂时性冲动在网络媒介上可以立刻转化成实际行动。

(8) 双向性。在网络传播中，虽然传播的基本结构没有改变，但各个环节的互动关系增强了。传播双方易位频繁，在网络空间，传受双方往往都是具有双重身份的人，既传且受，既受且传。[2] 一方面，信息的接收者可以根据自身的需求主动搜索信息，传播者的主动变成接收者的主动，传播者的推出变为接收者的拉取；另一方面，传受双方的信息分享、互动交流与相互反馈，使得双方都成了网络信息资源的生产者与消费者。

(9) 个性化。对于受众而言，网络传播前所未有地具有高度定制化的特点。网络可以给用户提供"个人媒体"，真正向用户提供对信息和通信的管理

---

[1] 杜骏飞：《网络传播概论》，福建人民出版社2010年版，第103页。
[2] 叶琼丰：《时空隧道——网络时代话传播》，复旦大学出版社2001年版，第60页。

权。在更大意义上网络是关注个体的，这就意味着受众小众化的、特别的信息需求与口味可以被精准地考虑。网络传播总体覆盖面宽广的同时，各项内容的分类变得越来越具有针对性。网络传播的个性化一定程度上可以帮助受众过滤不必要的信息。

（10）去中心化。网络传播的去中心化主要表现在三个方面：一是技术逻辑的无中心化，二是传播主体的消解，三是网民去中心化的思维意识。[①] 网络技术消除了传统媒介对传播的垄断；网络主体的虚拟性带来了多元、分散的传播主体，使得网络传播呈现相对自由、开放、个人主义的状态，权威的主导被消解；理论上，网民具有平等发言的机会，传播的信息不再是特定的与强硬的，而可能是独特的、个性的甚至另类的。

（11）非线性。受众接受电视、广播等电子媒介传播信息时，只能按照时间流向来接收信息；接受印刷媒体传播信息时，只能向前阅读或向后阅读。而网络的信息却是无边无际的，受众在接受网络信息时，思维呈现跳跃与分散的非线性特征。网民获取信息的途径可以无穷无尽地发散，可以向各个方向无限延伸，没有数量与时空的限制。这样发散的结构可能会导致受众被诱惑到任何一条信息中而无法重新返回一开始接收到的信息里。网民获取信息时的注意力是分散、游离的。

3. 利用网络媒体进行公益组织公共关系传播的原则

（1）网络传播建设的根本理念是信息与服务。事实上，公益组织传播的终极目的就是要回应组织的目标与使命，树立组织的品牌形象，促进社会服务的达成，解决社会问题。因此，无论是传播手段还是传播内容，公益组织网络传播的建设理念都是向公众提供组织与服务信息，为公众了解组织、支持组织提供途径，为各利益相关方提供与组织沟通以及接受组织服务的渠道。

（2）网络传播要注意信息服务的广度与深度。网络传播最大的优势在于信息传播的迅速与广泛，在把握这个优势、确保信息时效性的同时，公益组织要对信息进行既有广度、又有深度、有说服力的说明与诠释，这会增加信息的权威性、凸显组织的专业性。如果信息没有深入细致地被表达，在网络传播的发酵过程中，信息可能会因此而失真，轻则降低传播效果，重则导致公关危机。

（3）网络传播要注意信息服务的速度与质量。如果传播速度跟不上，那

---

① 杜骏飞：《网络传播概论》，福建人民出版社2010年版，第113页。

么即等于失去了使用网络传播的意义。传播迅速、反应及时是组织把握住传播时机的表现之一。而信息的质量直接影响受众对组织的印象，直接关系组织的形象。内容翔实、言之有物的传播内容，一方面可以使受众更好地了解组织的工作；另一方面可以显示组织的专业能力与服务水平，赢得受众的好感与支持。

（4）公益组织要加强网络传播中与受众的互动。网络传播的优势之一就是交流反馈的即时性与交流空间的低限制性，公益组织要充分利用网络传播的这种优势，建立供公众畅所欲言的交流平台，及时与公众进行持续互动与联系。一方面，可以直接接收受众的反馈，指导工作的改进；另一方面，可以与受众建立双向沟通的桥梁以及情感上的关联，使得组织与公众之间的联系更为紧密。

（三）线下活动

1. 公益组织线下活动种类

线下活动是公益组织开展服务的主要形式，也是另一种类型的传播方式，利用人际传播和群体传播，公益组织直接向目标受众展开交流和沟通，近距离产生直接的传播效果。一般来说，公益组织的线下活动按目的的不同可以分为三类。

以服务为目的的线下活动包括各类主题的公益活动，如支教、义卖、游学、徒步、培训、讲座、工作坊等多种形式。以传播为目的的线下活动，包括展示会、开放日、主题活动日（周）、典礼和各类开幕、成立仪式等。以交流为目的的线下活动，有茶话会、各类年会、春节团拜会、研讨会、读书会、分享会等。另外，还包括一些为特定目标而设置的线下活动，如纪念日、表彰会、报告会等。

2. 线下活动的自媒体传播

（1）自媒体种类。线下活动的信息传播需要一定的载体。当活动正在进行时，在传播上起主导作用的应该是人际传播和群体传播，而大众传播和网络传播一般发生在活动前后，而不是活动途中。那么，从时间上与空间上考虑，该如何增强对活动参与者实时实地的信息传播，是公益组织自媒体可以解决的问题。与上文不同，这里的自媒体是指应用于活动现场或组织所在处的信息媒介，可供组织用于展示，具有实物性、实地性与实时性等特点。公益组织线下活动可使用的自媒体大致可分为四类：口头传播媒体、印刷媒体、展示性媒体和可携带式媒体。

口头传播媒体主要指组织活动中的发布和咨询人或设施，如活动联系人、解说员、活动咨询处、招待处等，当场解答受众问题、协助受众理解信息，这种传播方式直截了当，权威性强，反馈及时，而往往被看成能代表组织的形象，起到维护公共关系的作用。印刷媒体是指面向特定组织或公众发放的纸质资料，如书籍、年度报告等，由机构编辑，常被作为大众传播媒体的信息来源和组织资料而得到重视，具有一定的传播效果。展示性媒体是指公益组织制作的幻灯片、视频等多媒体资料，供前来组织参观访问或参加活动的人员观看，内容多为介绍性的信息或资料，如组织历史、组织架构、组织使命、组织成果等，起到宣传组织形象的作用。携带式媒体是指组织发放给公众随意拿取、携带保存的组织资料，如宣传册、纪念册、光盘等，由组织编辑制作，应长期放置于组织对外接待的地方。

（2）自媒体的公共关系作用。公益组织线下活动中使用的自媒体，其公共关系作用表现在为公众获取组织信息提供方便和对外宣传、树立组织形象两个方面。对于具有一定保存价值的服务性信息，公益组织要积极使用和制作自媒体，方便公众随时获取与翻看，加深对组织的印象。提供详细、及时、便利的信息往往能体现公益组织的专业形象和服务水准，精心设计、简洁美观的组织材料也会为组织形象加分，有时候，这比大众传播与网络传播更为有效。

3. 公益组织线下活动的公共关系作用

由于公益组织线下活动采用的是面对面的人际传播和群体传播，受众可以通过亲自参与活动来直接感受和认知传播内容，组织也能直接收集受众的反馈，因此，线下活动的传播效果可以直接根据现场情况评估，这中间省了很多时间和空间，使得传播活动的过程和效果可以直接被观察以便对下一步做出调整。

线下活动给予公益组织这样的机会：在指定的时间、指定的地点，一群有着相同目的和阶层特征的人进行信息交流。在此过程中，受众不是被动地接收公益组织所传播的信息，而是通过倾听、询问、互相介绍和交流等人际传播的方式接收信息。语言、动作、表情等是此过程中的主要媒体。这种口语化、富有情感的媒介使得信息在传播过程中具有人情味；在某些时候，线下活动的传播还包含娱乐性和趣味性，这一切都增加了受众对信息的兴趣和接受度，也增强了传播的效果。

4. 利用线下活动进行公益组织公共关系传播的原则

（1）明确目标受众。与大众传播相比，线下活动的受众通常来自特定的一个或几个阶层，有着相同的目的，因此，线下活动的传播是一种受众明确的小范围传播。明确目标受众可以指导线下活动类型的选择与设计。要达到理想的传播效果，让传播内容精准到达受众，线下活动的设计就要综合考虑受众的特点，比如年龄、职业、文化程度等，以对传播方式、传播内容、信息载体等进行专门的细化与设计。

（2）联合其他团体。一个大型、复杂、传播效果突出的线下活动，往往需要多领域专业能力的综合运作。一个组织的力量总是单薄的，公益组织和多样化的团体联动与合作才能让线下活动吸引更多的受众，发挥更大的动员力和影响力。政府、企业、其他公益组织等都可以成为运营活动的合作者，吸引多层次、多领域的活动参与人员，这不仅有利于活动的顺利举办，更有利于传播者与接收者的信息互动以及不同接收者之间的信息交流，增强传播效果。

（3）注意时间地点。活动进行的时机与场地也很重要。如公众节假日、双休日、特定主题日等都是举办活动的好时机。在节假日与双休日，受众有比较充裕的时间参与组织的活动，吸引潜在受众的机会也会增加；特定的主题日则具备事件传播的机会，增加传播话题，比如妇女节、儿童节、环保日等。对于实施活动的场地也要进行适当的选择，在公共场所比如广场、社区等可以吸引更多人参与，传播范围较广；使用特定的会场比如礼堂、报告厅等可以加强传播主题的专业性；使用机构场所可以增进与受众之间的亲密度。

（4）评估传播效果。就线下活动而言，传播效果是可以直接观察到的。面对面地与受众接触就是一个评估初步传播效果的最佳时机。在活动进行的同时还要注意观察受众的反应，灵活调整传播内容，并通过交谈、询问、答疑等方式随时增强信息传播的力度，结束后要及时总结经验，完善活动传播方式，为下一次活动的开展提供借鉴。

组织工作的一个要点就是确保重要的细节不会被遗漏，其中一个最容易的方法就是提前列一个清单，即使有了新的想法，也有充足的时间来制订和执行计划。（见表 1 - 2）

表1-2 活动准备清单①

活动前一周	活动前一天	活动当天	活动一周后
完整的媒体工具,包括演讲、输出系统、照片,并让媒体记者知道活动的时间安排	按照要求准备好各种媒体工具	与新闻媒体代表见面,发布新闻	给出席过的媒体发反馈邮件
提前发布新闻	—	—	—
找出新闻媒体需要的特殊设备,根据需要进行安排。订购新闻媒体需要的设备并为这些媒体准备专门工作区域。检查灯光、音响、电器插座等	为媒体工作人员准备专门的工作区域,检查所有配置	再次检查媒体所需设备是否正常可用	—
起草最终来宾名单	—	—	—
准备来宾资料袋,包括节目单或议程、宣传册等相关文件	—	将印有标志的资料袋分发给来宾	—
准备媒体、来宾和主办方标志	建立相应设施和标志制作	检查标志	—
明确安排分工,计划具体,有统一商定的应急计划。打扫场地卫生,安排装饰物,不要忘记布置标志和展示品等	检查就餐环境,确保就餐时间、地点和清洁度。检查地面、座位等所有设施	检查食物准备情况、送餐及用餐服务	—
完成演讲稿和准备足够数量的工具包、文件包	为不能参加的新闻媒体准备相关文件	—	—
为每个来宾分配对应助手	与来宾助手确认行程	确保满足来宾的需求	发邮件表示感谢

---

① [美]道·纽森等:《公共关系本质》,于朝晖等译,复旦大学出版社2011年版,第365-366页。

续表 1-2

活动前一周	活动前一天	活动当天	活动一周后
准备好演讲所需的相关资料	确认一些特殊的资料能够及时取得	确保需要做演讲的人员拿到自己要用的资料	—
清楚准确地分配个人任务和责任	—	—	—
明确各种安全措施，做好应对紧急情况的计划，确保参与活动的所有人都知道如何实行应急计划	—	—	—
为媒体和来宾准备留言板，取得当地航班时刻表、出租车时刻表、酒店和餐馆的信息	—	—	—
为来宾确定最终的交通工具和住宿地点，如地点比较偏远的话，也为媒体安排交通和住宿	—	—	—
清楚准确地分配个人任务和责任	—	—	—

（四）人际传播

人际传播是指两个或两个以上的人之间借助语言和非语言符号互通信息、交流思想感情的活动。[①] 在公共关系里，人际传播不是指作为一般个体的人与人之间的信息交流，而是指代表组织利益和要求的组成成员与个体公众、群体公众之间的信息互动。[②] 人际传播是公益组织公共关系活动重要的环节，主要包括不借助媒介的直接传播和借助媒介的间接传播。

1. 人际传播媒介的种类

（1）直接传播。人际传播中的直接传播即面对面沟通。传播者和受众之间无须经过传播媒介，通过口头语言、类语言、肢体语言等面对面地进行信息

---

① 邵培仁：《传播学》，高等教育出版社2000年版，第34页。
② 薛可、余明阳：《公共关系学》，科学出版社2010年版，第248页。

交流。面对面沟通往往是人际传播效果的决定性形式,由于传播者可以与受众近距离传递信息,所传播的内容一般直接被对方接受,阻碍因素较少,传播效果较好。对公益组织而言,直接传播在募集资助、提供服务、内部管理等方面都起着关键作用。但面对面沟通的传播机会为距离所制约,因此,直接传播的深度佳而广度不足。

(2) 间接传播。随着现代社会各种传播媒介的出现,人际传播可以借此进行远距离的信息传递,这大大拓展了人际传播的范围。目前常用的间接传播媒介有信函、电话、手机、传真、电子邮件、社交媒体等。间接传播媒介成本低、速度快、信息容量大、传播效果好。有些间接传播媒介具有沟通上的私密性,而有些媒介更兼具大量复制转发的功能,在增强信息交流、信息共享和一致性沟通,以及提高反馈质量和周转速度上起到巨大作用。但相比直接传播,间接传播的深度和精确度会因媒介的参与而受到一定的影响。

2. 人际传播的传播特征

(1) 双向交流,反馈及时。首先,在人际传播的过程中,参与者同时充当着传播者和接收者的角色,并且信息的传收是一来一往的,传播者与接收者的角色在不断变换,双方都可以根据对方的反应而对自己的传播行为进行调整。人际传播建立在双方互动与反馈的基础上,缺少任何一方的积极反馈,对话都难以进行。

(2) 符号多样,渠道多种。人际传播所使用的传播符号是非常多样的。尤其在面对面的传播中,语言、眼神、表情、动作、服装等都可以用来表达意义,而且往往非语言最能显示真实的信息,在传播中显得更加重要。多样化的传播符号直接参与了传播过程,因而信息接收者可以通过多种渠道去获取信息,这些都影响着接收者对信息的理解。

(3) 情境传播,外界影响。人际传播总是发生在特定的时间和地点,在特定的背景中进行,这些情境因素会对传播效果产生一定的干扰和影响。因此,在人际传播过程中需要时刻考虑外界环境的变化,保证交流沟通时的信息畅通。

(4) 自发自主,平等互动。因为人际传播的双方都是由一定的社会关系连接起来的,因此,人际传播建立在双方自愿、合意的基础上,是一种基于人际关系的信息互通和情感交流,是一种自发的、非强制的传播活动。

(5) 私密性强,互动高频。人际传播通常是一对一的,即有相对明确、范围固定的传受双方,参与者的参与度较高,互动性强,私密性强,信息的交流与互动高频并且能有效地影响或改变对方的态度或行为，从而达到良好的传播效果。

（6）社会差异，影响效果。在人际传播中，参与者的社会性差异和心理性差异可能会对传播产生障碍。文化规范、社会角色期望、权力地位差别、心理关系等都会对传播效果产生影响。进行人际传播的双方要充分考虑这些差异，在理解和友好的基础上进行沟通。

（7）网络时代，呈新特征。网络与移动终端的出现革新了人际传播的方式和渠道，赋予人际传播新的特征。在网络人际传播中，参与者通过昵称、头像、签名等身份标识使自己符号化，方便持续地参加网络人际传播。网络传播符号更加丰富，照片、视频、语音、网络表情等丰富的符号逐步接近现实中的人际传播，更加人性化。网络人际传播也具有超时空性和时间自由选择性，不仅可以随时随地进行，而且组织可以根据需要选择反馈与传播时间不同的媒介，实现自由的同步传播或异步传播，传递更加丰富的信息。

3. 人际传播的公共关系作用

公益组织利用人际传播来进行公共关系活动主要有两个目的：一是面向组织内部成员进行沟通，以达到相互理解，增加组织成员对组织的认同感，提高组织一体化程度和工作效率；二是面向组织外部公众进行沟通，以达到信息互通和意见获取，提高组织事务的透明度，建立良好的合作与协助。人际传播的针对性与私密性强，传播双向，反馈及时，有利于传受双方形成一致的态度与良好的关系。人际传播适用于与组织联系密切的少数受众，以使得组织与这部分受众之间的沟通更加紧密，发展更为有效的合作。

4. 利用人际传播进行公益组织公共关系传播的原则

（1）平等尊重的原则。大众传播一般而言是单向的，因此，大众传播的受众往往被看成是被动的。与大众传播相反，人际传播具有双向性，信息的传播者与接收者基于自愿进行频繁的互动，传播地位平等。在公共关系上，公益组织要体现这种传播的平等，无论是对组织内部成员，还是对组织外部成员，都要充分体现对信息接收者的尊重和情绪照顾。

（2）合作的原则。合作的原则是指在开展公益组织公共关系活动时，要明确公共关系的目的是通过相互了解、互通有无来达到一定程度的共同认识。人际传播的目标就是对内做到组织整体认识上的一致，以提高内部的团结和工作效率；对外做到相互理解，以寻求更高水准的合作。

（3）平衡管理的原则。平衡管理的原则就是指作为公共服务的提供者，公益组织要通过人际传播建立一个良好的、紧密的对外合作关系网，既要实现公益组织自身的服务目标和组织使命，同时也要润滑与组织各个利益相关方之间的关系。事实上，通过适时的传播来平衡处理与各利益相关方的关系是组织快速发展、达成愿景的重要条件。

第三节 公益传播的基本理论

尽管公益传播的提出与应用历史不足百年，但其作为传播学的分支，同样融合了来自政治学、社会学、人类学、经济学等众多学科的知识。其中，公民社会理论是公益传播概念的价值土壤。社会矛盾在风险社会中日益凸显，任何一个社会问题都无法只依靠政府、市场或社会的其中一方来解决，因此，公益传播的研究视角通常都是围绕三元主体分析框架而展开的。

一、公众倡导

在《现代汉语词典》中，"倡导"的含义是指"率先提议或首倡"；"公众倡导"的含义是指全民参与和引导某一项目，通过不懈努力达到最终目的。梁启超在《再驳某报之土地国有论》中说道："吾以为如欧美学者所倡道之社会主义，举生产机关悉为国有者，最足以达此目的。"便是此意。

公众倡导的方式涉及口头传播、书面传播、人际传播和群体传播。在传统媒体的公益时代，公众群体主要是以贴大字报、派发小册子，或者用最原始的口头传播方式进行公益组织理念的传达。这一阶段主要侧重于人与人之间面对面的倡导方式，这种最初的倡导方式所产生的效果是最直接的，也具有反馈性；在新媒体时代，主要通过互联网和手机等渠道进行推广，虽然工具使用的方式众多，但是所收到的效果却不是很明显。

在公众倡导领域最广泛的主要是环境保护，在这方面所遇到的问题也是最多的。在国内，很多环境非政府组织发起的公众倡导型环保项目，虽然旨在提升公民整体环境意识，但推进这一项目却并不容易，有些甚至无疾而终。以前，对我国环境非政府组织所做的事情，可以用一句话概括，那就是"植树、观鸟、捡垃圾"。虽然项目在一直推进，参与的志愿者很多，所产生的社会影响力也比较大，但是在公众倡导的过程中频现问题。对此，中国人民大学社会学教授周孝正说，公众倡导型环保项目成效有限，甚至无疾而终并不奇怪，因为"构建资源节约型社会与消费主义两条路线是对立的，经济与节能环保始终在博弈"①。

公共倡导在中国的兴起，既与近年来环境和社会冲突加剧、公民权利意识觉醒和行动力加强有关，也与互联网作为新技术手段提供新的表达空间有关。在现行社会架构中，国内的非政府组织呈现出强服务、弱倡导的状态。很多组织都将自己定位为联系政府与群众的桥梁和纽带，是政府的朋友、伙伴、助手，而非政府组织则普遍采用项目制，从人力资源、工作计划、工作成果等方面在项目框架中进行，这相应抑制了其部分社会功能的发育，也弱化了其倡导功能。②

二、第三部门

（一）什么是第三部门

第三部门指除政府和企业外的组织或部门，它与政府部门、市场部门（企业）构成了现代社会的三大支柱，成为现代社会协调运转的不可缺少的组成部分。其英文为"Third Sector"，最早由美国学者 Levitt 于 1973 年在他的论文"The Third Sector: New Tactics for a Responsive Society"中使用。美国的约翰·霍普金斯大学非营利组织比较研究中心在此研究的基础上，更进一步将凡是具有以下六个特征的组织定义为第三部门：①组织性；②民间性；③非营利性；④自治性；⑤志愿性；⑥公益性。③

20 世纪 90 年代，"第三部门"这一概念被引入我国，它有时候也被称为"独立部门"（independent sector）、"志愿部门"（voluntary sector）、"非营利部门"、"非政府组织"，在我国也被译为"第三域"，指的是"和公共部门、私人部门相对而言的另一个部门，它们所指称的都是各种非政府、非营利的民间

---

① 杜悦英：《公众倡导环保项目推进缘何艰难》，载《中国经济时报》2009 年 7 月 9 日第 09 版。
② 付涛、郭婷：《公共倡导兴起，呼唤公众参与制度化回应》，载《中国环境报》2013 年 9 月 18 日第 03 版。
③ 谢岳：《后现代国家"第三部门"运动评析》，载《复旦学报（社会科学版）》2000 年第 4 期。

组织"①。其中，"第三部门"的译法更为通俗，美国称之为非营利组织（NPO，non-profit organization）、慈善组织，英国称之为"志愿者组织""免税组织"，法国则称之为"社会经济"。

由于政治和经济环境的影响，国外关于第三部门的研究非常丰富，相关的理论概念也层出不穷。通过结合国外的研究和我国的实际情况，有学者将非政府组织定义为"不以盈利为目的的且具有正式的组织形式、属于非政府组织体系的公益组织，它们具有一定的自治性、志愿性、公益性或互益性"②。我国著名的学者陈振明将第三部门定义为：介于政府与非营利部门之间，依靠会员缴纳的会费、民间捐款或政府财政拨款等非营利性收入，从事前两者无力、无法或无意作为的社会公益事业，从而实现服务社会公众、促进社会稳定与发展的宗旨的社会公共部门，其组织特征是组织性、民间性、非营利性、自治性和志愿性。③

（二）第三部门出现的原因

关于第三部门出现的原因，众多学者从国家层面、经济层面、历史文化层面以及市场经济层面进行了分析，概括为三点：国家能力的下降、市场政府失灵和社会与技术的进步。

第三部门在全球范围的兴起反映了公民自决意识的觉醒、政府和市场的失灵以及社会和科技的变化。美国学者莱斯特·萨拉蒙在其著作中说道，"第三部门的兴起来自除公民个人、政府以外的各种机构以及政府本身的压力。它反映了一系列的独特的社会和技术变化，以及酝酿已久地对国家能力的信心危机"④。此外，他在描述当前全球社团发展的时候明确指出"有组织的志愿性活动在全球范围内的开展和私人的、非营利的或政府的组织在世界各地的建立，正在如火如荼地进行之中"。

在所有原因中，最具有代表性的是市场失灵理论和政府失灵理论。①市场失灵理论。市场是商品生产和交换关系的综合，是价值规律通过市场供求关系和价格的变动，自发地调节社会关系和流通以及生产要素平衡地分配于生产部

---

① 何增科：《"公民社会与第三部门"研究引论》，载《马克思主义与现实》2000年第1期。
② 王名：《非营利组织管理概论》，中国人民大学出版社2002年版。
③ 陈振明：《公共管理学——一种不同于传统行政学的研究途径》，中国人民大学出版社2003年版。
④ 何增科：《公民社会与第三部门》，社会科学文献出版社2000年版。

门的一种商品经济形式。市场的基本功能就是对社会资源进行配置，亚当·斯密在其《国富论》中称之为"看不见的手"。但是，作为经济资源配置的重要方式，市场也不是万能的，在某些领域资源配置完全依靠市场机制的作用无法实现帕累托最优状态，市场就会失灵。②政府失灵理论。为了纠正市场失灵，西方国家在20世纪30年代到60年代期间采取了一系列干预经济的举措。这些举措在某种程度上弥补了市场的缺陷，但是政府在发挥经济职能时也存在一些内在的局限，从而导致政府失灵状况的出现。例如，公共决策程序和公共决策时限的限制，信息不完全，公共产品供给的低效率问题，寻租行为的出现，等等。正是政府和市场在提供公共物品方面的局限性导致了第三部门组织的产生或者说是第三部门组织的产生。

（三）第三部门在中国的发展

20世纪90年代中期，随着"小政府、大社会"改革方针的影响，我国第三部门依靠一些社会团体的相关法律出台，有了新的发展，在社会的各个领域中有了一席之地。第三部门范围广大，涵盖了经济、政治、文化、卫生等社会方面，为我国和谐社会的发展创造了有利的条件。我们不能用国际上严格的第三部门的概念来定义我国的某些组织，但是能够在这些组织中找到所谓的第三部门的影子，因为我国无论从历史上还是文化上，无论是纵向上还是横向上都和别的国家有着本质的区别，所以，我们的第三部门也应该是具有中国特色的第三部门[①]，并且在我国经济发展的过程中，第三部门在促进社会和谐方面发挥着重要的作用。

不同于西方国家第三部门发展的一般路径的表现，无论是哪种类型的第三部门，其产生都离不开特定的生成环境。而中国的第三部门发展就带有中国本土的特色。

第三部门在中国的产生与发展大体可以分为四个阶段：改革开放时期、市场经济体制建立、加入世界贸易组织、2004年修宪后。这几个阶段的每一个阶段都极大地促进了第三部门的发展。并结合我国具体国情分析我国第三部门的概念、分类以及第三部门与政府的关系，把我国的第三部门分为两大类：第一类是自上而下由政府转变过来的"官办"第三部门，第二类则是自下而上

[①] 陈志金：《关于我国第三部门及其与政府关系的研究——"草根""官办"第三部门与政府的冲突和协调》，山西大学2010年硕士学位论文。

组织起来的"草根"第三部门，它们共同组成了我国的第三部门。产生这种分类的原因是我国的第三部门的发展有着独特的特点，有学者从三个方面进行总结：一是我国的公民缺少国家公民的志愿、公益和慈善的历史传统；二是由于我国的经济不是很发达，这就使我国的第三部门面临着资金严重短缺的情况；三是我国法治上的欠缺。

"官办"是指那些自上而下的组织，这些组织虽然带有第三部门的种种特点，但是始终无法脱离政府的扶持而独立存在，需要政府权威来维持自己，并不是由广大人民群众自发组织的。"草根"第三部门的产生与市场经济发展和社会民主化进程有关，是公民有组织地参与经济社会乃至政治过程的产物，其主要社会资源包括资金、信息、志愿者等，这些资源具有转型期典型的多样性、自发性和随意性。[1] 有学者分析：中国绝大多数的公益组织是依赖政府体制的，他们在人员的配置、资金来源、活动内容等方面都不同程度地依赖于政府，在组织管理和活动等方式上带有浓厚的行政色彩，这些组织在民间自治性方面是不健全的。但是，不管是"官办"还是"草根"，他们共同促进着社会的和谐发展，营造良好的社会环境，《中华人民共和国慈善法》的颁布就是一个最好的说明。

三、公益传播四维框架理论

在所有的相关研究期刊中，对公益传播四维框架理论论述得最详细的著作属学者王炎龙、李京丽和刘晶撰写的《公益传播四维框架的构建和阐释》，后来者的相关研究都是在此基础上发展起来的。

公益传播的四维框架主要是指"将公益传播置于公民社会逐渐形成的现实环境之中，以传播主体为切入点，形成'媒体公益传播''企业公益营销''政府公益管理''民众公益参与'"四个考量维度，称之为"公益传播的四维框架"。（见图1-1）文章主要探讨我国公民社会构建中的四个维度如何统筹，为公益传播提供适合现实的功能性解释框架。

近年来，公共突发事件频发，公益机构的井喷式发展势不可当。如果对其进行有益引导，增大社会事务参与度，则必然形成我国公益传播的崭新局面。由中国社会科学院社会政策研究中心以及社会科学文献出版社共同发布的

---

[1] 王名、贾西津：《中国第三部门的发展分析》，载《管理世界》2002年第8期。

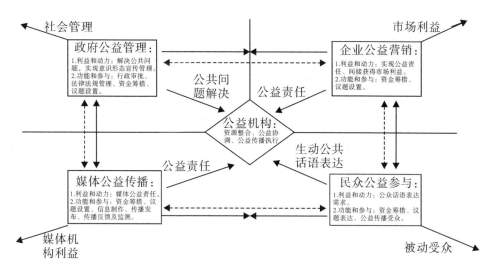

图1-1 公益传播四维结构中的主体关系架构

(本图根据王炎龙、李京丽、刘晶《公益传播四维框架的构建和阐释》中四维框架图复制而成)

《慈善蓝皮书：中国慈善发展报告（2019）》显示，截至2018年年底，全国社会组织总数量为81.6万个，较2017年增长7.1%，增长率有所下滑；其中，基金会7027个，社会团体36.6万个，社会服务机构44.3万个，分别比2017年增长了11.4%、3.1%、10.8%。这一连串的数据表明，我国的公益组织团体在不断扩大，公益传播的范围越来越广泛，而管理好这一群体，需要政府、社会、媒体和公众的共同参与。

虽然四维框架理论定义了政府、市场、公众、媒体四大公益传播的核心主体，但是该理论最重要的是引入了公益机构的概念，并将其作为核心部分进行陈述和解释，肩负着"资源整合、公益协调以及公益传播执行"的重任。国内的与公益传播有关的研究主要集中在"具体公益事件背景下对传播内容、渠道和效果的研究"，而思维框架分析了各大主题的利益需求，在利益需求的基础上找到了他们各自的公益传播功能和公益传播的参与方式，为整体地审视目前中国的公益传播格局提供了良好的视野。①

哈贝马斯在《公共领域的结构转型》中指出，媒体作为其中特殊性质的

---

① 曹维：《从"公益传播四维框架"到以公益组织为传播主题的公益传播模式》，载《上海交通大学学报》2015年第1期。

社会公器,"影响了公共领域的结构,同时又统领了公共领域"①。在公共空间中,媒体的核心价值在于实现"媒体舆论空间以及由此产生的公众舆论空间在意见态度上的有机互动"②。企业通过建立基金会、设立相关组织以及投资公益性社会活动等,在公益传播过程中树立品牌形象、增强行业竞争力、优化内部管理;政府、市场与第三部门在治理公共事务过程中的力量分配往往由于制度环境的不同而有较大的差异。对转型期的中国来说,在这方面要进行有所转变,才能促进三者健康良好的发展。

---

① [英]奥利弗·博伊德-巴雷特、克里斯·纽博尔德:《媒介研究的进路》,汪凯、刘晓红译,新华出版社2004年版,第286页。
② 王炎龙、李京丽、刘晶:《公益传播四维框架的构建与阐释》,载《新闻世界》2009年第4期。

第二章 特殊群体领域的公益传播案例

第一节 善导公益的应用戏剧《五年级的交叉点》社区服务传播案例研究

应用戏剧进入中国已有10年，但较少聚焦社会议题。善导公益发展中心（以下简称"善导公益"），是一个持续活跃于广州公益圈的非政府组织。2015年，善导公益针对流动人口家庭关系这个议题，编演了应用戏剧《五年级的交叉点》，这是国内首个探索流动儿童家庭亲子关系的应用戏剧。本节试图以善导公益发展中心为案例进行分析，探究以应用戏剧为形式的公益传播效果，为应用戏剧社区服务的进一步建设与发展提出建议。

一、应用戏剧的社区服务

目前，我国关于应用戏剧社区服务的研究成果较少，初始的研究大多集中讨论应用戏剧社区服务在国外的发展历史、文化选择以及借鉴意义。梁燕丽指出，西方应用戏剧的服务对象可以专门是社区内的特别社群或团体，如弱势群体（老年人、残障者、接受治疗者等），以及其他被主流社会忽视的团体。其功能性在于公民性、道德和伦理价值。在内容方面，西方应用戏剧可以扩展到少数族群、女性主义、同性恋等相关的运动；与此同时，社区剧场也将自己的关怀扩展到社区内的种族、性别歧视、年龄代沟等社会问题。[1] 还有不少研究

---

[1] 梁燕丽：《社区剧场的观念和实践——以英美社区剧场为例》，载《中央戏剧学院学报》2018年第1期，第73-81页。

是集中调研和分析某个应用戏剧团队或项目的实践成果和经验。梁燕丽针对我国香港地区的应用戏剧进行梳理研究，主要集中在两个剧团：一个是业余的沙田话剧团，另一个是职业化的新城剧团。梁燕丽通过分析比较两个剧团的应用戏剧模式，指出剧场所面临着包括分区面积辽阔，人口数目庞大，组合多元化等问题，并从中总结经验得失。①

随着国内应用戏剧社区服务试点的展开，关于操作方法的研究开始涌现。翟一帆总结出应用戏剧工作坊的 6E 模型：教育（education）、使能（enabling）、授权（empowering）、娱乐（entertaining）、工程（engineering）和专业（expertise），并从参与者、项目团队、旁观者等角色的角度对 6E 模型进行数据的比较和分析，通过合理的评估方法，使 6E 模型能够作为一个工作坊的设计、评估与校准工具来被使用，使得工作坊更为有效，成为项目团队和参与者共同成长的契机。②

应用戏剧社区服务虽已引起学界的研究兴趣，对应用戏剧在社区中所起的作用以及带来的意义，也有了一定的认识，但这些都仅局限在境外语境下的讨论。由于国内对于应用戏剧社区服务的实践较少，以往研究很少能够结合中国国情进行个案调研与实证研究。因此，为了探究以应用戏剧为形式的公益传播效果，本节试图以善导公益发展为案例进行分析，主要以流动儿童家庭的应用戏剧《五年级的交叉点》社区服务为例，总结现今国内应用戏剧社区服务的实践经验，为应用戏剧社区服务的进一步建设与发展提出建议。

二、善导公益的应用：戏剧与广东流动儿童问题

（一）应用戏剧

所谓"应用戏剧"，也被称为教育剧场，是指由演员排演具有冲突的内容剧情，通过互动剧场的方法，让观众介入剧情发展，使得演员和观众有机会通过身体或语言来表达自己想法的剧场形式。其重点在于对一些相对弱势的社会族群进行赋权，讨论与其相关的社会议题，进而产生社群的联结，最终促进议题的解决。

---

① 梁燕丽：《香港社区剧场初探》，载《上海戏剧》2017 年第 8 期，第 35 - 39 页。
② 翟一帆：《应用戏剧工作坊的 6E 模型》，载《高教学刊》2016 年第 11 期，第 58 - 59 页。

应用戏剧进入中国已有 10 年。过去两年，国内兴起了"应用戏剧热""教育戏剧热"。我们发现，在这些浪潮里，有很多团体把应用戏剧作为一种"生动活泼""有趣好玩"的互动环节，加入课堂或活动当中进行教学尝试，以此作为激发学生创造性思维的方法。相对缺少的是聚焦一个社会议题，经过长时间的调查和探索后，做出一个有深度的、每一步都精心设计的作品，并且在反复演出的过程中不断改进。

（二）流动儿童问题

广东作为拥有 3000 万外来常住人口的经济大省，在无数外乡人眼中，是发达之梦寄托的地方。流动人口为广东省的各项经济建设做出了巨大的贡献，但由于流动人口的持续增长，社会配套服务面临着巨大压力。流动人口子女入托入学、妇幼保健等公共服务和家庭住房需求难以得到满足。

其中，颇受关注的是来穗人员随迁子女的积分入学问题。广州教育局公开数据显示，仅 2017 年，广州市登记在案的义务教育阶段流动儿童近 63 万人，其中只有 42% 进入公办学校就读，可见流动儿童入学之难。每一个流动儿童家庭面临的现实难题都不一样，面对积分入学的态度和处理方式也不一样，很多家长不知道该如何参与积分入学这一政策，也有很多家庭在为积分入学而努力的过程中忽略了对流动儿童的心理教育和对家庭关系的维护，更有很多流动家庭在留下来和回家乡之间痛苦挣扎。他们对未来渐渐失去信念感，感觉只有自己在独立战斗，不知该向谁寻求帮助。近年来，随着社会的发展，回应流动人口面临一系列困境的社会组织开始出现，并发挥着影响力，其中包括善导公益发展。

（三）流动儿童家庭的应用戏剧《五年级的交叉点》的社区服务

当前，大部分的社区服务可能是很有服务性的，当一个服务对象提出需求时，社工或者是关怀他们的朋友就可能直接为他们服务。服务形式可能是搞讲座、做游戏等，这些形式具有相对比较强的单向性。而如果是透过戏剧来提供服务的话，戏剧可以为服务对象创造一个安全的空间，透过主持人或者演教员，陪伴他们提出这个问题，赋权给他们，让他们可以自主地去探讨自身的处境。在相互支持之下，由服务对象自己来找到一个改变的答案或者一种改变的可能性。从被动转换为主动，也会让服务对象感受到被聆听的尊重。

流动儿童家庭的应用戏剧《五年级的交叉点》主要讲一个来自番禺的流

动家庭的故事。和很多外地来广州打工的家庭一样，燕子的爸爸妈妈当初也怀揣着让生活变得更好的愿望来到广州奋斗，但随着孩子慢慢长大，上学问题也成了这个家庭关注的重心。这个家庭在为孩子积分入学的问题忙得焦头烂额的同时，也在家庭内部出现很多的冲突与矛盾。

这场应用戏剧是善导公益发展针对流动人口家庭关系这个议题所编演的。他们尝试探索应用戏剧的力量推动社区社群参与社会问题的解决。这是国内首个探索流动儿童家庭亲子关系的应用戏剧。从2015年下半年开始，《五年级的交叉点》剧组前往深圳、广州、佛山等的各个流动人口社区演出，得到了来自家长和社工的关注和回应。未来，善导公益希望能推出面向特定公众的场次，让社会大众也能透过应用戏剧的形式，看见这个受到结构性压力的弱势群体的处境，找到创造改变的空间和位置。

（四）善导公益的介绍

善导公益是一家为公益组织、公益行动者提供参与式培训、会议协作、团体成长及课程开发服务的专业支持性机构。作为扎根于中国公益行业的协作专家，成立10年来，善导公益专注于研究、运用及推广以协作技术为主的参与式手法，促进个人的转化、团体的培力及社会的前进。它在2008年创办于广州，2011年正式注册为"广州善导社会工作服务中心"，立足于华南地区，并在全国范围内开展服务及培训。

据了解，善导公益的联合发起人之一陈志君曾是一名流动儿童，深知在他乡求学的背后，是整个家庭的辛勤付出和努力，这其中可以引发很多值得探讨的话题，找到彼此之间的支持，找到生活下去的办法。因此，他特别希望用自己熟悉的剧场形式来帮助这些流动儿童家庭：用戏剧建立对话沟通平台，共同探讨家庭生活。

三、解析《五年级的交叉点》应用：戏剧的制作与传播规划

（一）《五年级的交叉点》应用戏剧的制作过程分析

1. **实地调研**

为了更真切地了解流动儿童家庭的现状，创作出有参与感的应用戏剧，善导公益做了大量的信息收集工作。应用戏剧团队采取调查文献—找到植根于流

动人口社群的机构——与家庭做访谈的方式,从而得到社群及流动儿童家庭的情况。应用戏剧团队获得创作故事的方式不仅是访谈,也可以是一人一故事剧场、工作坊等。

2015年,善导公益走进广州番禺的火把社区、佛山南海的南飞雁和广州天河的天平架,对当地的流动儿童家庭及社工们进行详细的调研,主要针对其基本情况、人际交往情况、生活空间、面临的困境和故事点等方面进行了解,总结出10例具有代表性的家庭个例。

经过几个月的实地走访之后,应用戏剧团队开始整合调研时看到的现实情况。面对这写满了一墙的难题,一股无力感险些浇灭团队的热情。想到流动儿童家庭所面对的问题,戏剧可以怎么帮他,一度让团队陷入自我怀疑的境地。解决的难度之高让应用戏剧团队感到力不从心,且不说教育问题,连生存的问题都很难解决。有的女性完全不识字,找不到工作,全家只靠丈夫养活,进而影响了他们的家庭收入,应用戏剧又能怎么帮?有些家庭会有家暴的情况,打孩子的现象再普遍不过,戏剧又有什么办法?很多现实的问题不是在短期内能够作答的,所以,它带给人的无力感多于失望。这是做调研最艰难的地方。

真正能够帮助流动家庭的并不是所谓的公益组织的支持,而是群体的智慧和经验。在反复的讨论之后,剧场团队终于挖掘出来自流动家庭自身的智慧:有些流动家庭的经济环境即使没有那么好,同样会遇到很多问题,但是这些流动家庭似乎很快乐,欢笑声更多,孩子的学习成绩也不错。看来,这些家庭在资源倾斜中似乎得到更多自控权。由此,团队确定了应用戏剧的价值引导方向。

2. 剧本创作

流动儿童家庭应用戏剧定名为《五年级的交叉点》,主要讲一个来自番禺的流动家庭,因为孩子积分入学的问题,造成其家庭内部有很多冲突与矛盾。家庭中父母、姐弟的内心和他们之间的纠缠在舞台上被演绎。

剧本创作首先进行的是角色及其传记创作。在初始阶段,创作团队着重于理解故事所镶嵌的社会背景,并且把相当多的经验贡献进来。虽然还没有探讨他们的性格,可是在社会变迁的洪流下,个人能够做出的选择其实是非常有限的。如果用大一点的社会视角看待一个家庭,也许可以帮助家庭突破自身的限制去审视一下自己的选择。所以,最开始创作的故事相对宏观。

接下来,创作团队着重思考具体的选择(基于性格、认知和欲望,当然也基于障碍)会怎样影响这个家庭回应大环境,从而造成最后的冲突与挣扎。

通过探讨每个角色的基本观念和渴望（包括对生活追求的观念，对家庭的观念，以及对自己角色的观念），从而构成了人物的基本动机，自此完成家庭的自传历史。随后，我们用 2 个小时的时间进行情境创设，尝试做一些定格画面来呈现故事中的某些重要节点或重要时刻。

在最开始的版本里，父亲完全失业，整个家庭处于一种无力动弹的状态，无法改变也不想改变。但展现最大痛楚并非应用戏剧的初衷，关键在于陪伴"痛楚"。如何才能透过戏剧去了解他们的处境、抚慰他们的创伤？这是应用戏剧团队在剧本设计过程中不断寻找的临界点。这个临界点在于"你在感受痛的同时，也能感受到并且能够意识到我们努力一下问题是可以解决的"。直到 2016 年上半年，团队总算找到了这个临界点，并将剧本定稿。

3. 演教员排演

目前的演教员以志愿者为主，这些演教员来自各行各业，都是奔着对社会议题的关心或对戏剧的热爱聚集在一起的。但由于他们各自都有自己的生活压力和目标，因此很难固定成为一支稳定的演教员团队。2017 年 4 月，团队进行了新一期的演教员招募。从 4 月 14 日开始每周五的晚上，演教员们都会聚集在广州江南西的工作室内，探讨并进行剧本的排演。跟常规的戏剧排演不同，应用戏剧不强调技艺，而是强调真实感。为了达到这种真实感，负责指导排演工作的郭昭莹（小莹子）会把超过 1/2 的排练时间用以了解流动家庭的境况：了解积分入学的政策、分析流动家庭在城市生活中可能遇到的困难、感受不同家庭身份在不同状态下的情绪。

在小莹子的引导下，所有演教员都闭上双眼，做一个定格的动作，想象流动家庭里父亲的形象是怎么样的。在持续一分钟的定格时间里，小莹子会向演教员发问："感受现在你所代表的父亲为什么会有这样的形象？他现在的心情是怎么样的？现在身体的状态是怎么样的，是轻松的还是累的？他现在在想什么？请记住当下的感受。"

这群演教员并非专业演员，没有精湛的演技，他们也并不全是流动家庭群体，但他们在排演中会尝试着去了解流动家庭的处境。

4. 演前工作坊

在应用戏剧正式演出之前，善导公益会提前为社区工作者提供了一个演前工作坊，除了了解应用戏剧的设计和安排，还能尝试让社工和流动家庭担任其中的一些角色及岗位，并且给社区和流动家庭派发小册子，宣传后续的亲子关系服务和安排，令应用戏剧成为社区工作者下一步工作的突破口。

5. 应用戏剧正式演出流程

流动儿童家庭应用戏剧主要分成三个大环节。首先是 30 分钟应用戏剧《五年级的交叉点》的演出。我们借助流动儿童家庭最关注的子女教育升学问题作为开场，然后将参与者引向亲子关系的思考。其次是 90 分钟演后互动。通过一些剧场策略，参与者可以更深入地去探讨每一个角色的处境，以及尝试用不同的形式去表达各自的想法。最后是"热点电话＋流动家庭小组"：演出后，我们会给参与者派发小册子，宣传后续的亲子关系服务和安排，令教育剧场成为社区工作者下一步工作的突破口。

6. 活动反馈

活动反馈的信息收集主要以面对面访谈与文字反馈两种形式获得，对象包括了参与应用戏剧的演教员、观众、社区社工等。

（二）应用戏剧社区服务的后续发展

应用戏剧被带入社区，带动不少社区开始尝试针对流动儿童家庭的需求做出具体的服务。

2018 年母亲节，善导公益联合位于广州增城的乐众荔馨家园进行了《五年级的交叉点》应用戏剧的公演。荔馨家园社工桃花告诉记者："应用戏剧这个手法，能够给予社工在社区服务中的新触觉。"

荔城街夏街村集中着从事中低端事业的来穗人员，村内的出租屋共有 2258 栋 6155 套，登记在册的来穗人员有 5018 人，6～12 岁来穗儿童约有 500 人。这些来穗人员大多来自湖南、湖北、江西、贵州等地，大多从事建筑和装修工作，也有餐饮店服务人员、打零散工和水果流动商贩。与社区的低频连接，让他们在表达自己的需求的方面存在一定的困难。而"通过亲身参与贴近生活的戏剧，更能够走进来穗人员的内心，从而发掘出其最深层的想法与需求"。剧场结束后，荔馨家园与高校学生继续推进了来穗亲子服务，主要开展了 1 个 3～6 岁亲子绘本项目、2 个 7～12 岁亲子沟通项目。

此外，他们也会定期举行关于来穗人员福利政策的知识分享会，包括与《五年级的交叉点》应用戏剧息息相关的"圆梦教育"积分入学分享会，向家长们讲解来穗人员子女在穗就学的四种途径和方法。

除了关注流动儿童的家庭关系，小莹子希望社区能利用应用戏剧在其他领域做更多的尝试，比如禁毒宣传、反家暴。的确，在乐众荔馨家园尝试过应用戏剧之后，禁毒专项社工亦期望能够通过戏剧的形式开展禁毒服务。广州市番禺区绿石头社区公益服务中心也尝试在妇女节自导自演一个关于反对家暴的情景模拟剧。《中华人民共和国反家庭暴力法》自 2016 年 3 月 1 日起施行以来已有 5 年的时间，但是关于妇女应该如何利用法律进行自我保护，需要以更直观的方式加以呈现。于是，绿石头社区的社工邀请社区几位的女性，一同自导自演了一部家暴的情景模拟剧。当一个家庭因为一些琐事产生矛盾，每个家庭成员应该做出什么反应？能够通过什么途径帮助被家暴的女性？……通过这一系列的讨论，引入《中华人民共和国反家庭暴力法》来告诉居民，遇到家暴我们可以怎么样做。

四、流动儿童应用戏剧的困境与建议

（一）如何精准植根目标社区

在流动儿童家庭应用戏剧的第一期，项目费用由广东省千禾社区公益基金会全额支持。目前，应用戏剧处于第二期阶段，项目费用改成了由基金会与社区共同承担。但由于应用戏剧的费用确实比一般的社区服务高，社区方面需要承担 2500 元左右的费用，主要用于支付演前工作坊和宣传小册子的费用。这就成了普及应用戏剧的一大门槛。

在这种情况下，善导公益尝试使用自上而下的方式，先与社区机构的管理层人员进行沟通，当社区机构管理层认同应用戏剧时，他们能够有效调配社区资源，更快更好地促成合作。对于部分基层社工对应用戏剧不感兴趣不愿意配合的问题，可以通过改良演前工作坊的培训方案来解决。这正好符合善导公益发展推广参与式培训与社群建设的初衷，就是要改变中国社区低效率的开会模式和懒散的协作方式。

（二）落地社区的专业难题

应用戏剧被带入社区，带动不少社区开始尝试针对流动家庭的需求做出具体的服务。可当故事情景发生了变化，当讨论议题从流动家庭切换成反家暴时，社工们的引导往往心有余而力不足。他们希望善导公益展能在戏剧专业性方面提供更多的帮助。

因此，对于社工们的专业能力问题，需要配搭一些对协作者的培训，或者是正向教养方面的家庭沟通方向上的老师。应用戏剧的手法是相对比较灵活的，很多手法学也学不完，每一个手法都有深究的空间。一方面，关于排戏，其重点不在于华丽的表演，而是更真实的表演。在表演之后，大家通过学习一些不同的互动的方式，去跟观众一起深入这个议题，更多地反思和学习。这里面其实有很多不同的互动手法。另一方面是互动的、活动的方式引发大家反思、成长的学习方式。这需要双向的更为主动的沟通。有一些长期的工作需要社区所在的机构更加了解这些被服务人群的需求，给予更适当的支持。而作为支持性的机构，善导公益能提供的只是参考。

（三）演教员的流动

演教员的流动是应用戏剧团队目前面临的难题。应用戏剧团队总是在培养演教员，他们定期会通过微信公众号的推送来招募演教员。目前的演教员以志愿者为主，这些演教员来自各行各业，出于对社会议题的关心或对戏剧的热爱而聚集在一起。由于他们各自都有自己的生活压力和目标，因此很难固定成为一支稳定的演教员团队。

对此，一方面，可以有意识地挑选合适的演教员成为常驻演教员，这些演教员需要符合以下要求：有持续稳定的时间定期参与排演和正式演出、对流动儿童家庭的情况有一定的了解、具备一定的舞台表演能力等。

另一方面，其实有一批流动的、多元的演教员参与应用戏剧社区服务，也是善导公益发展所乐见的，因为应用戏剧并不只是赋权给观看的流动家庭，也是赋权给参与表演的演教员，让来自不同社群的各式各样的人进入角色，感受流动儿童家庭的处境，在这个过程中也会对演教员的观念和生活产生影响。所以，解决演教员流动的难题不是只能通过招募职业演教员来解决。另一种方法，就是通过提高排演的效用，使初次接触流动儿童家庭应用戏剧的演教员们可以在短时间内感同身受，并且在短时间内激发演教员们的身体语言表达能力。这就转变为善导公益在对演教员进行培训时需要着重突破的技术难题。

（四）改变自己还是改变体制

在一开始，该应用戏剧只是针对流动儿童家庭积分入学的问题进行探讨；但在后面的演出之中，很少见到这个，而更多的是关注亲子关系的沟通，可能最后会变成一个家庭普遍面临的话题。这场应用戏剧的设计，似乎是让当事人相对消极地看待积分入学本身的设计问题。应用戏剧有没有可能成为推动社会改变的一股力量？而不只是"消极"地让外来家庭进行自我调整？

当需要真正做出改变的时候，能够马上帮助流动儿童家庭的可能就是一些沟通的方法。也许对于流动儿童家庭或非流动儿童家庭来说，沟通问题是类似的，但是因为生活背景不一样、缘由不一样，处理的方式可能都会不一样。应用戏剧所能促进的沟通，恰恰是让同处一个社群的家长自主沟通，产生最有社群特殊性的解决方案。当然，也是适逢这个项目在社区推广上遇到瓶颈，善导公益表示，这个剧场在近期可能会暂时结束。团队也正在打算修改剧本，希望不只是聚焦家庭亲子关系，而是有更多应和社会的部分。

《五年级的交叉点》是国内首个探索流动儿童家庭亲子关系的应用戏剧，在操作过程中肯定还存在很多不足和问题。但是，在这个从无到有的过程里，善导公益还是为国内应用戏剧社区服务提供了宝贵的实践经验。

首先，作为推动社会发展的新力量，应用戏剧的创作必须基于社会现实，因此，演前进行长时间的实地调研显得格外重要。只有在内容细节上经得起现实的推敲，才能让后续的议题讨论具有现实意义。

其次，社会议题的讨论应该是全民参与的过程，流动儿童家庭应用戏剧除了面对流动儿童家庭演出，同样有必要面对更广泛的公众进行演出。只有让更多社会阶层参与弱势群体的议题讨论，才有可能促成议题的解决。

未来，善导公益也希望能推出针对公众的场次，让社会大众也能透过应用戏剧的形式，看见这个受到结构性压力的弱势群体的处境，找到创造改变的空间和位置。先提供一个空间让社会弱势群体发声，再尝试让他们的声音被更多人听到，这就是应用戏剧产生的意义。希望未来可以看到国内更多社群使用应用戏剧，也希望更多社会议题会因为应用戏剧而产生更大的讨论空间。

本节参考文献：

[1] 梁燕丽. 社区剧场的观念和实践——以英美社区剧场为例 [J]. 中央戏剧学院学报, 2018 (1): 73-81.

[2] 梁燕丽. 香港社区剧场初探 [J]. 上海戏剧, 2017 (8): 35-39.

[3] 翟一帆. 应用戏剧工作坊的 6E 模型 [J]. 高教学刊, 2016 (11): 58-59.

第二节 广州市金丝带特殊儿童家长互助中心公益传播机制研究

广州市金丝带特殊儿童家长互助中心是一个为癌症患儿及其家庭提供护理咨询和心理辅导,以求减少癌症对儿童及其家庭所造成的痛苦的民间非营利组织。本节将通过探究广州金丝带公益组织的内外部信息传播机制,并以"为爱光头"这一公益活动为例分析其对外传播策略,以对广州金丝带公益组织的公益传播现状进行分析,从而得到系统的认识,指出其在传播上的推力和阻力,并针对其传播阻力提出建议,以期促进该组织实现更好的发展。

一、儿童期癌症与广州市金丝带特殊儿童家长互助中心

(一)儿童期癌症

"儿童期癌症"这一术语通常用于指15岁以下儿童期癌症。儿童期癌症相当罕见,其癌症状况与其他年龄组的癌症差别很大,仅占癌症总数的0.5%~4.6%。儿童期癌症有不同种类,其中白血病约占儿童期癌症总数的1/3。其他常见的恶性肿瘤是淋巴瘤和中枢神经系统肿瘤。有些肿瘤几乎全部发生在儿童中,例如,神经母细胞瘤、肾母细胞瘤、髓母细胞瘤、视网膜母细胞瘤。而乳腺癌、肺癌、结肠癌或直肠癌则通常是成人期癌症,在儿童中极为少见。

全国肿瘤登记中心2015年的数据显示,我国儿童肿瘤的发病率近10年每年都以2.8%的速度在增加,每年新增3万~4万名儿童肿瘤患者,平均每1万名儿童中,就会有1名癌症患儿。恶性肿瘤已经成为除意外创伤外,造成儿童死亡的第二大原因。而在与广州金丝带合作的11个医疗服务点,每年都会接收约1100个新症家庭,并为2000个正在治疗或处于康复期的家庭提供服务。

与此同时,越来越多的研究表明,心理社会因素在儿童癌症的整个治疗过程中起到了非常重要的作用。传统的生物医学模式也正逐渐被新的生物—心

理—社会医学模式所取代。要提供高质量的医疗服务，就必须将患儿乃至其主要照顾者都作为一个完整的人来看待，而不仅仅关注疾病本身。因此，将心理社会领域的内容整合到儿童癌症的临床治疗护理当中，也就成了社会发展的必然。

（二）广州市金丝带特殊儿童家长互助中心

1. 广州市金丝带特殊儿童家长互助中心简介

广州市金丝带特殊儿童家长互助中心（原名：广州市癌症患儿家长会，以下简称"广州金丝带"）成立于2006年6月30日，是由户籍在广州市或孩子在广州市治疗的癌症患儿家长自发组成的非营利民间互助组织，组织的使命是尽最大努力减少癌症对儿童及其家庭所造成的痛苦和伤害。广州金丝带于2011年10月9日在广州市民政局正式注册为民办非企业单位，目前是广州抗癌协会单位会员、广州市义务工作者联合会单位会员、国际癌症患儿家长组织联盟（ICCCPO）正式会员。广州金丝带目前有职员11人，注册义工1600余人，中心的服务对象是广州市户籍或在广州市接受治疗的0～14岁癌症患儿、康复者及其家长。目前，中心的11个服务点包括中山大学附属第一医院、中山大学孙逸仙纪念医院（中山大学附属第二医院）等广州市主要收治癌症患儿的医院，每年服务癌症患儿及其家长超过6000人次。

2. 治理模式

在《公共服务供给模式比较研究——基于典型城市案例分析》一文中，作者对广州金丝带的治理模式进行分析。（见图2-1）广州金丝带属于政府与社会组织合作治理模式。[①]（何兰萍、周西蓓、李雪，2017）合作治理作为政府与社会组织合作的基本形态之一，是一种介于政府治理和自治之间的、多由第三部门提供的新型公共服务供给模式。该模式强调服务供给的自发性、自愿性、针对性和无偿性，其供给主体多为社会组织，尤其是社会组织中的公益慈善组织。这类供给主体具有极强的使命感和目的性，独立于政府和企业之外运行，且不受干扰。

广州金丝带较好地融合了政府、企业、个人和社会组织等相关主体，以自身为枢纽，为广州癌症患儿及其家长提供相关服务。目前，它发展建立了4个

[①] 何兰萍、周西蓓、李雪：《公共服务供给模式比较研究——基于典型城市案例分析》，载《天津大学学报（社会科学版）》2017年第5期，第415–419页。

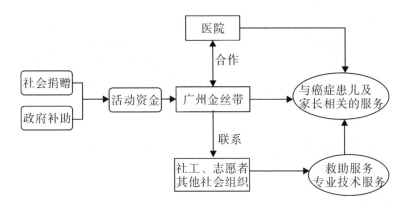

图2-1 广州金丝带的供给服务流程

长期项目,即"愿望成真""医路相伴""医院游戏服务"和"游戏辅导"。广州金丝带还积极参与推动国内癌症儿童的公益服务建设。随着2015年"中国金丝带联盟"的正式成立,该项公益服务已得到社会公众的广泛认可,救助范围广,组织信息公开全面,发展效果良好。

3. 广州金丝带开展项目

而今,广州金丝带有5个固定项目在开展,分别如下。

(1) 为癌症患儿家长服务的"医路相伴"项目。探访住院癌症患儿及其家长,分享经验,舒缓压力,传递关爱;组织康复者及其家长进行户外集体活动,促进康复者家庭之间的良性互动,增强康复者重返社会的信心;通过派发"癌症患儿入院资料包"、布置宣传栏、开展专题讲座等形式,向癌症患儿家长提供儿童癌症治疗、护理的相关资讯;促进医护人员和癌症患儿家长之间的沟通,建立和谐的医患关系。

(2) 为癌症患儿提供院内游戏服务的"医院游戏服务"项目。在重大节日组织慰问活动,向癌症患儿赠送礼物;与其他志愿者组织合作,与住院癌症患儿开展绘画、游戏、手工等有益身心的活动,减少患儿治疗期间生活的枯燥和苦闷。

(3) 帮助癌症患儿实现愿望的"愿望成真"项目。登记病区患儿的愿望并联系社会资源帮助其实现愿望。

(4) 帮助癌症患儿配合治疗的"游戏辅导"项目。帮助孩子应对疾病带来的转变,适应住院生活;表达感受和需要,勇敢面对医疗程序;减轻焦虑和恐惧，促进身心发展。

（5）推动国内癌症儿童公益服务的"中国金丝带联盟"项目。广州金丝带帮助处于困境的癌症儿童及其家长们增强信心，使癌症儿童得到全身心的照顾。广州金丝带每年让广州1000名住院癌症患儿及2400位家长得到较全面的服务，同时，癌症患儿资料包让广州以外的30间医院、2000名癌症患儿直接受益。

二、广州市金丝带特殊儿童家长互助中心传播的策略分析

（一）组织内部信息传播机制

1. 组织性学习

广州金丝带作为一个为癌症患儿和家庭提供护理咨询和心理辅导，组织癌症儿童和康复者及其家庭开展康乐活动，向公众普及儿童癌症相关知识的民间非营利组织，其组成是基于成员更了解癌症，鼓励患儿与家庭勇敢战胜癌症这一共同的信念与追求，这个信念是广州金丝带存在和发展的基础。为了实现组织更好的发展，成员的专业性知识的积累不可或缺。组织成员需要不断获取知识、改善自身的行为、优化组织的体系，以在不断变化的内外环境中使组织的能力可持续生存和健康和谐发展，增强集体的行动能力。

对于任何一个组织来说，做好组织性持续学习，将组织的发展目标和成员的个人志趣联系在一起，一方面可以提高组织成员的水平和对组织的认同度，另一方面也可以使组织获得更长久的生命力。[①] 广州金丝带成员必须具备一定的关于认识癌症和护理患者的专业知识，以便给患儿和家庭提供专业的救助。广州金丝带非常鼓励团队内部职员学习提升自我。与大多数机构的成员多是通过个人自我学习来实现丰富专业知识的方式不同，为了更专业地做好公益，广州金丝带时常从组织层面积极带领职员参加学习与培训活动。

广州金丝带的创始人本身曾经作为癌症患儿的家长，对癌症的相关知识和家庭的心理情绪有一定程度的了解，新加入的义工则未必有这种知识积累。为了使义工提高服务质量，广州金丝带对加入的义工均进行义工培训，引导其认

---

① 梁江：《组织内传播与组织社会资本建设——对日本非营利组织的案例研究》，载《中国行政管理》2010年第8期，第92–96页。

真学习服务技巧，开展以互动讨论为培训方式的培训课堂。同时，为使义工更透彻地了解义工活动和公益活动，广州金丝带还会讲解部分服务过程中遇到的问题和提供其他实例练习，并对义工的问题进行解答。在培训中，广州金丝带促使义工形成正确的角色定位，界定好帮助的意义，即义工是做一些限定性的任务，如去病区服务的义工只是做一名一小时的陪伴者，后勤义工需要做的是做好后勤准备，完成好限定的任务就完成了帮助的行为，活动结束后不可留下联系方式与患者家庭进行私下接触，否则与患儿建立密切联系之后，一旦患儿去世，一般义工会难以承受。

广州金丝带的新媒体宣传平台经常会转载专业平台的一些讲解癌症相关知识的文章以供义工学习参考。同时，广州金丝带经常开展的一些团队内部交流性活动也使得成员间的横向交流增加，知识的传播和积累效果增强。组织性学习既增加了成员对组织的了解与认同，从而促进成员做更多的奉献，同时也将组织的发展要求与个人成长紧密结合，可以实现成员与组织之间的相互促进，共同发展。

2. 共同理解的机制

组织内良好信任的人际关系的形成基于成员内部之间的交流与共同理解。而良好的组织内部机制与活动则可以有效增加成员间的相互交流，贴近心与心的距离。组织需要为成员提供畅通有效的沟通平台，协调各方出现的矛盾。广州金丝带的职员团队每月召开一次例会，每年进行一次团建工作，一般采用三天两夜的外出游玩的形式；同时，广州金丝带选择在每年的6月30日（其成立日）邀请捐赠方、义工、病患家庭来参加年会，在轻松活跃的氛围中使各方了解广州金丝带一年来的工作成果，展示广州金丝带在癌症患儿家庭关爱和帮助工作中所起的作用，增进社会对金丝带组织的理解。

组织性学习是增进成员之间相互了解，同时也是为成员创造交流机会的渠道。由于团队内存在着不同的服务方向，通过义工培训，义工们既可以对广州金丝带组织有一个系统认识，学习关于癌症的知识，将个人理想与组织愿景贴合在一起，又能与其他义工交流互动，增进理解。除此之外，广州金丝带积极开展义工团建，时常开展活动。如开展白云山团建活动，登山活动让在城市里居住的义工在游戏互动中拉近了彼此之间的距离，增进了友谊和互信，加强了广州金丝带组织的凝聚力，也在青山绿水之间展现了广州金丝带义工积极乐观的阳光形象。有趣的活动打破了服务工作的范畴，更容易促进交流，深化成员之间的共同理解，增强义工团队间的凝聚力，对于团队精神的形成有着重要的意义。

3. 组织示范性信号行为

组织示范性信号行为是组织内部的一种非成文规范，组织通过建立一定的奖励或惩罚机制，来推动组织内部成员间进行更默契的交流互动，激发成员不断提升自己的素养与能力，进而促进组织的长远发展。

在广州金丝带内部，这种示范性信号行为主要表现为一种奖励机制，对参与广州金丝带志愿活动的义工，广州金丝带提出表彰并在其新媒体宣传平台上进行宣传展示，同时在团建活动中给予义工更多优惠条件，这实际上就是引导义工更多地参与公益活动，从而实现公益组织的发展目标。例如，对于2017年度被广州义工联根据参与广州金丝带义工服务时数而评审出的金、银、铜牌义工并举办了义工嘉奖活动。自2012年广州金丝带的社会义工注册之后，广州金丝带除对义工提供荣誉证书和公益证明外，还进行义工星级认定并发放勋章，服务时长达到50小时为一星义工，200小时为二星义工，400小时为三星义工，600小时为四星义工，1000小时为五星义工，星级认定的参考服务时长从2012年起算，实行逐年累积、晋升星级制。这体现了广州金丝带对于积极奉献的义工的肯定和赞赏，鼓励义工长期服务，为组织目标的实现提供了便利，有利于积极向上的组织文化的形成。

（二）组织外部的信息传播机制

1. 信息公开机制

信息是人们行为决策的关键依据，因此，信息公开对于提升社会组织的公信力来说十分重要。广州金丝带每年都会在官网上进行信息披露，内容包括年度工作报告、财务报告、项目信息公示、组织大事记等，这有助于减少捐赠者与慈善组织间的代理冲突，提高组织的透明度和资金的使用效率，进而保护捐赠者的利益。

除此之外，微博、微信作为信息公开的载体也具有其优势。广州金丝带的官方微博和官方微信会定期更新公益项目的最新动态、公开资金捐赠来源与去向，并耐心解答公众的疑问。新媒体的信息公开互动机制，有利于组织在与公众的互动过程中及时作出回应与改善，并通过分析管理相关数据得到反馈信息，帮助组织及时发现问题并快速解决问题，同时全方位地进行各类信息的传播，实现信息公开的互动机制效果最大化，有效达到社会组织信息合理公开的效果。

2. 多种媒体平台的运用

人们实际参与公益活动的比率与其所接触媒体的传播力及其效果正相关。换言之，媒体所传播的公益信息能否被接收者快速接收、能否感染接收者、能否激活接收者的公益愿望，直接关系到其最终是否会以实际行动投入公益活动。"为爱光头"不仅采取了新媒体传播，运用文字、图片、视频、手绘、音乐等多种宣传形式，使得公益信息能够多媒体化、立体化地传播，而且也同样兼顾与传统媒体的合作，保证了传播的权威性，避免了碎片化传播带来的信息不健全的弊端。

此外，广州金丝带在选择新媒体平台时，贴心地把受众的知识文化水平也考虑在内。广州金丝带最初在开设专家在线栏目时，曾想以直播的方式开展，这样比较方便专家答疑，不仅省时，回答也更直观。但考虑到很多家长并不会使用直播平台，提问的效率较低，最终选择使用QQ群的方式开展答疑交流，因为QQ群的普及率较直播更高，且其操作方式更简单，有疑问的家长可在对话框直接输入文本内容向专家提问。

（三）组织传播推力

1. 公益捐赠信息及组织工作报告等信息公开透明

运作不够透明，信息披露不充分，是影响我国慈善组织社会信任的一个关键问题。中民慈善捐助信息中心于2016年在中国捐助网、人民网、搜狐网、百度网的在线调查结果显示，在接受调查的社会公众当中，表示很关心慈善信息披露的人数占54%，明确表示不关注或不太关注的人数只占27%，这反映了社会公众对慈善信息公开的期许。公众期望对公益组织有更深的了解，如公益组织对获捐财物的使用情况、使用效果和财物运营信息。公益组织不仅要公开信息，同时要披露公众期望了解的信息。

网络的发展既使得公众有更多了解公益组织的活动信息的机会，同时又使得公众对公益组织信息公开透明的要求日益提高。网络成为公益信息披露的首选渠道。广州金丝带在其官网上公开各项活动以及组织财务报告、年度工作报告及对爱心捐款的鸣谢等信息，微信公众号上定时公布月份简报，简要报告组织在过去两个月间的项目完成情况、案例分享和接受捐赠与支出情况，便于公众掌握组织的发展运行情况，增加组织的透明度。及时将信息公开有利于实施了捐赠行为的个体跟踪项目的进展状况，使捐赠人、受益人等利益相关群体了解该组织。

2. 充分利用互联网，进行多渠道宣传

信息传播技术的进步催生出无数新的媒体形态与应用工具，充分利用好互联网传播之下的各个平台，多渠道吸引公众的注意，可以有效扩大公益组织的影响力。广州金丝带组织主要的线上传播渠道为官网、微信公众号、微博与QQ。其中，微信公众号及时推送各种广州金丝带活动，有诸如义工之声、游戏辅导故事、活动预告、专家答疑等板块，标题清晰、运营良好、更新频率高。广州金丝带同时也在搜狐号上同步更新微信公众号的内容，保证其信息在网页中的传播与推广。广州金丝带官方微博则选择性发布一些有影响力的活动，同时对微博中"@广州金丝带"的消息及相关私信进行回复，与公众保持良好互动。另外，广州金丝带官网详细发布有关广州金丝带的组织简介、项目详情、新闻影像、支持我们、义工天地、资料分享等信息，信息架构清晰、介绍系统，便于公众对广州金丝带组织形成全面的认识。

特别地，广州金丝带根据不同地域、不同服务点（即合作的医疗机构）分别建立了患儿家长交流的QQ群和微信群等，并在群里转发一些科普文章、活动信息等。QQ群的家长人数有2000多人，微信群也超过40个，平时的互动气氛活跃。尤其是在QQ群上，广州金丝带每两周会邀请4位具备医护知识的专家，举行线上专家在线的答疑专栏，每次答疑时长为一小时，专家会根据家长的提问做出专业的指导。广州金丝带选择在QQ群上开展专家在线，是因为一个QQ群的人数比微信群的多，方便专家答疑，不用同时在几个微信群中来回切换。

总体而言，广州金丝带根据不同平台的特点进行多渠道宣传，该模式符合当下的传播趋势，便于扩大公益组织影响。

3. 分众传播利于吸引稳定的受众，畅通反馈渠道

分众传播是针对一定数量的并且具有一定共同特质的受众进行的具有强针对性的分流传播活动。随着时代的发展，受众不断分化，人们的价值观念越来越呈现选择性、独立性、差异性的特点，社会思想多元多变。在新媒体时代，对公益组织来说，按照分众传播理论来确定受众，是一个非常重要的策略。

广州金丝带作为致力于减轻癌症对患儿和家庭伤害的公益组织，其受众更具特定化，其主要的受众是正在经历或经历过癌症创痛的人。这种较为稳定的受众群易于与公益组织形成一种熟悉友好的关系，受众与广州金丝带的联系更为紧密，这可以保证其参与性，也使得反馈渠道较为畅通。同时，这种受众的反馈往往更为丰富实用，有利于组织知悉受众的需求和评价，从而有针对性地

调整自身的传播内容，提高传播能力，达到更好的传播效果。这些特定受众的诉求也有利于推动广州金丝带组织自身向更具专业化的方向发展。

4. 积极寻求多方合作，激发公益活力

广州金丝带在筹集善款、组建义工团队时，积极与其他公益组织、社会企业、新闻媒体和高校等多方展开合作。在与其他公益组织的关系中，广州金丝带总干事罗志勇提到与广东省千禾社区公益基金会和中国扶贫基金会的合作，广州金丝带会参与由这两大基金会举办的益动广东公益徒步活动，并在其中筹资。在2018年6月21日至27日，广州金丝带联合益动广东、唯品会共同举行"益动金丝带·唯爱暴走大挑战"的公益活动，让参与者以捐步数的方式为公益项目筹款。益动广东在以往系列徒步运动中积攒了一些粉丝，而唯品会在互联网上有一定的影响力，所以，"唯爱暴走"活动吸引了不少人参加，最终有228名爱心人士完成挑战，唯品会公益为广州金丝带捐出5万元善款。特别地，广州金丝带邀请了唯品会方的代表参与活动，通过亲身体验增进对公益项目的认同感，不仅维系与企业的关系，也更利于双方的合作。

在新闻媒体方面，广州金丝带与本土纸媒关系融洽，包括《广州日报》《信息时报》等，会给这些媒体提供有关公益项目的通稿、宣传资料等，通过他们的报道扩大公益组织在公众中的影响力。特别地，2018年是广州金丝带成立12周年，在周年庆上，罗志勇总干事宣布《信息时报》公益事业部总监黄莺也加入了广州金丝带理事大家庭，媒体力量的注入有利于扩大金丝带公益活动的宣传影响，因为媒体拥有较多的社会资源和一定的话语权。

为了提高义工团队的质量，广州金丝带还与华南农业大学、中山大学新华学院、中山大学中山医学院等高校的义工团队合作，邀请大学生也来体验金丝带的"医路相伴"等公益活动，部分对此感兴趣的大学生在完成公益服务后，还会推荐给身边的同学，吸引更多大学生参与义工服务，给患儿带来更多温暖和关爱。

（四）"为爱光头"公益传播案例分析

1. 项目介绍

针对社会对癌症患儿的关注度相对不足、相关社会组织和社会组织相对缺失的现状，2012年4月，《羊城晚报》联合广州市金丝带特殊儿童家长互助中心发起"愿望成真，为爱光头"公益项目。该项目每年都会通过线上传播与线下传播相结合的方式，提高公众对癌症儿童的关注，推动更多企业、个人参与关爱癌症儿童的公益行动。

化疗是癌症最主要的治疗手段,然而化疗不仅会给患者带来身体上的巨大痛苦,如会造成患者头发甚至眉毛的脱落,还会给患者的心灵造成打击。"为爱光头"行动是向癌症儿童传递"我和你一样"的信息,以"剃光头"这样的方式向癌症患者(尤其是癌症儿童)表达支持和关爱。"为爱光头"在呼吁志愿者自愿落发成为"光头天使"的同时,也希望以志愿者的爱心行为去邀请更多的爱心人士关注该公益活动,以帮助每个光头筹集到不低于300元的善款,用以实现癌症儿童的愿望。

2. 主要传播策略

(1)自媒体传播。与传统媒体相比,新媒体的出现为公益活动的发展注入了新的活力。"为爱光头"行动自开始之初,就把传播的重点放在了微博上。

在"为爱光头"活动开始之前,广州金丝带就进行了微博预热。通过在微博上介绍世界各国用剃光头的方式做公益的成功案例,例如,2011年新加坡"散发希望"公益活动、美国圣伯德里克基金会组织的"剃光头献爱心"活动,这些案例让人们对这个相对新颖的公益活动有了一定的了解,提高了人们的认可度。

在项目进行时,微博也对活动进行详细的跟进。广州金丝带为每一个"光头天使"都制作了个人公益故事卡片,通过展示这些模范公益人物,传递示范信号,激发公众的参与热情。

(2)新闻报道传播。"为爱光头"的主办方之一《羊城晚报》,在传播的过程中也发挥着至关重要的作用。单靠微博传播的力量,远不能将"为爱光头"的影响力扩散到全年龄层。而《羊城晚报》作为广州地区最有影响力的传统媒体之一,衔接了多家媒体资源,受众广泛。《羊城晚报》《南方都市报》及广东广播电视台等多家知名媒体都对"为爱光头"的落地活动进行了报道,在传递信息、引导舆论上发挥着积极的作用。

(3)事件营销。"为爱光头"项目组每年都会策划一些新奇的线下活动,采用蜂鸣式营销,让公众对活动产生兴奋的情绪,引起公众的注意,并且通过出人意料的或者夸张的方式向他们传递与活动相关的信息。

2012年的街头快闪:50名大学生志愿者在广州大学城的4处人流密集地进行舞蹈表演,极富创意和活力。2014年的光头真人图书馆:3位资深公益人走进社区图书馆,讲述自己成为"光头天使"的故事并分享公益历程,提高了公民的互动性和参与性。2016年"为爱光头，彩蛋行动"，将彩绘与光头融合在一起。志愿者在公益活动现场剃光头的同时，可以体验由知名彩绘师亲自主理的炫酷光头彩绘。彩绘带来的夸张视觉表现力吸引了众多媒体的关注。

（4）发挥意见领袖的作用。许多意见领袖也参与到"为爱光头"的行动中，促使线上"为爱光头"的传播作用于现实。著名画家黑马大叔、满天星公益创始人梁海光、《新周刊》创始人孙冕、网络红人@一毛不拔大师等微博"大V"纷纷转发支持。他们不仅在线上引导着舆论，在线下也成了"光头天使"，这使得围观式公益变成参与式公益，产生了更广泛的社会效应。

（5）领导者传播。广州金丝带的理事会成员大多都是癌症患儿的家长，例如理事长崔伟雄，他的个人故事唤起了公众的"共感"。在公益活动中，崔伟雄塑造着平凡、亲和的"草根英雄"形象："因为儿子身患恶疾，我走上了公益路。'幼吾幼以及人之幼'，是苦难让我身上折射出了人性的光辉，是苦难让我成为公益圈中的'草根英雄'。"崔伟雄通过讲述自己的故事，传递着金丝带的组织理念。看到"崔伟雄"名字的同时，人们会不自觉地产生社会组织品牌联想，从而了解到广州金丝带。

（6）跨界合作。广州金丝带善于利用多渠道的视听手段为活动造势，让影像传播与音乐传播在传播系统中相互补给，从而为公益传播提供一个有力的支撑点。

在2013年第二届"为爱光头"活动中，广州金丝带在微博上策划了卡通"为爱光头"活动，通过邀请多位知名漫画家，例如修丢丢、舍舍、驴小毛等，绘制"光头"的卡通形象，传递对癌症患儿的关爱。活泼又温馨的画风，拉近了广州金丝带与公众的距离。

在2014年第三届"为爱光头"活动中，广州金丝带邀请了中国嘻哈音乐大厂ChilGun旗下艺术家熊猫和Vyan创作并演唱了同名活动主题曲。极具个性的说唱曲风配合"洗脑"的旋律，不仅使得歌曲迅速地流传开来，还强化了受众的品牌记忆。

（7）公益资源共享。"为爱光头"与2011年的"光头行动"在行为表现形式上存在着共同点，两个品牌活动的联合，可以使得公益资源利用最优化，是实现传播效果最大化的重要途径。

3. 项目传播效果

从2012年立项以来，广州金丝带一共成功举办了4届"为爱光头"活动，筹得不少善款，也进一步扩大了组织的影响力。第一届的"为爱光头"

获得了 95 名光头天使的大力支持，并筹得善款 358587.5 元，帮助超过 300 个癌症儿童实现愿望。[①] 而第二届的"为爱光头"也有 92 名爱心市民积极参与，共收到捐款 345018.6 元。[②] 但在 2017 年，由于"光头天使"的招募反响平平，广州金丝带决定暂停"为爱光头"项目，由"为爱发生"项目接力。

"为爱发生"号召拥有健康发质的人士自愿捐出自己的长发，用以制作癌症患儿需要的假发。比起"为爱光头"所需要的高昂"形象成本"，"为爱发生"更容易被公众接受。截至 2018 年 1 月 29 日，金丝带从全国各地收集了 209 位爱心人士捐赠的长发，制成假发 6 顶。但由于假发制作对发质的长度和质量要求较高，因此该项目的输出成效一般。

三、广州市金丝带特殊儿童家长互助中心传播的困境分析

（一）传播渠道多而不精，缺乏深度的宣传阵地

广州金丝带自成立至今使用了许多媒体渠道，包括传统纸媒和新媒体。在组织成立之初，主要依靠传统纸媒来扩大公益活动的影响，《广州日报》《羊城晚报》和《信息时报》等多家本地著名纸媒曾多次报道广州金丝带组织及其活动。但受互联网的冲击，纸传统媒的影响日益减小，继续依靠纸媒来扩大影响收效甚少。

随着组织的不断壮大，广州金丝带也覆盖了 QQ 群、微博、微信公众号、淘宝等多个新媒体渠道，但微信的阅读量普遍为 200 次左右，微博的粉丝量约 2000，但是微博的转载、评论数几乎为 0。因此，尽管广州金丝带的传播渠道很广泛，表面看来在各渠道都有一定的曝光率，但缺乏有深度的宣传推广渠道，并进行深入挖掘，这致使其影响力比较有限。

（二）品牌叙事能力不足，传播范围有限

在公益传播领域中，品牌叙事主要指公益组织通过宣传介绍资料、公益活

[①] 由于广州金丝带的官方渠道并没有对第一届为爱光头活动的数据进行公布，这里引用广州金羊网在相关媒体报道中的数据，其网址为 http://news.163.com/13/1020/19/9BLFSHLR00014AEE.html。

[②] 由于广州金丝带的官方渠道并没有对第二届为爱光头活动的数据进行公布，这里引用广州金羊网在相关媒体报道中的数据，其网址为 http://news.163.com/13/1206/15/9FE11EM800014AED.html。

动等展现该组织的愿景、使命等。就广州金丝带目前的宣传资料而言，其文案的情感叙事能力有所欠缺。以下展现的是该组织微信公众号中"游戏辅导"故事栏目的部分文案。

"建立关系是开展游戏辅导的第一个步骤。第一次见面，游戏师番茄姐姐主动向家长介绍工作广州金丝带游戏辅导项目，并主动与患儿打招呼。患儿精神状态比较差，说话声音很小，但是还是给予番茄姐姐眼神沟通。……再次见到患儿时，她已经被确诊了。而游戏师番茄姐姐定下了第一次游戏辅导的目标：了解患儿的兴趣爱好，根据其兴趣爱好提供游戏服务。在循循善诱下，番茄姐姐知道了患儿是一个非常爱美的女孩，喜欢扎漂亮的辫子，天天都要穿裙子；也很喜欢各种各样的芭比娃娃，喜欢打扮自己的娃娃。了解情况后，番茄姐姐特意为患儿提供公主填色本和画笔，借助这些，与患儿一起填色。"

仔细分析其文本会发现，文章一般以第三人称为主体，较为冷静客观地陈述治疗的过程，但其陈述未免过于粗略，对于治疗的细节、患儿的感情变化等刻画还不够细腻深刻，因此，文章给读者的代入感不强，体现不出游戏辅导项目的亮点和金丝带公益的深远意义。也正因为叙事能力不足，其阅读量一般较低，在 200 次左右，并未能形成良好的传播效果。

（三）事件营销力度不够，受众覆盖面窄

尽管广州金丝带组织有举办"为爱光头"等大型公益事件，也曾利用微博发起话题，邀请小燕子等意见领袖参与活动，但活动宣传在营销手段、活动形式等方面还不够创新，这使活动的受众范围窄。更进一步，因为该系列活动在推广上没有好的创意，无法招募足够的光头，因此"为爱光头"活动成功举办 4 届后，在 2017 年就暂停举办，至今也没有举办的计划。

事件营销的能力不足，使广州金丝带在公众视野中曝光率也较低，其受众仍然以癌症患儿或已康复患儿的家属为主。虽说这与广州金丝带组织的服务对象吻合，可提高科普宣传的效率，但如能扩大儿童癌症的了解人群，将有利于公益组织的筹款和日后的发展。

2014 年风靡全球的"冰桶挑战"就是一场成功利用社交媒体的事件营销。尽管有人质疑该挑战有作秀成分，但它让更多人了解渐冻症及其患病感受，也为患者筹得大量善款。这也是值得广州金丝带反思和改进的地方。

(四) 专业人员的资源不足，业务能力仍待提高

广州金丝带组织的职员目前只有 11 名，其中全职游戏辅导师仅 3 名。这 3 名游戏辅导师每年需要协助约 200 个患儿的治疗，而每 1 名患儿接受游戏辅助的时长根据其病情而定，但一般要经历前期测评、每周一次游戏辅助以及后期效果评估的复杂过程。一次辅助治疗需要花两三个月甚至更长的时间。由此可见，广州金丝带公益资源严重不对称，患儿数量远大于专业游戏师的数量。

广州金丝带作为国内较早将游戏辅导引入国内的公益组织，借鉴国外的成功经验，将游戏辅导的方法运用到缓解患儿初进医院的紧张情绪、减少他们对治疗的恐惧上来，其公益活动形式值得肯定。然而，患儿的数量与专职游戏师的队伍并不匹配，这种资源不对称使很多惧怕陌生的医疗环境的患儿不能得到有效的帮助，从而影响医疗效果，也阻碍广州金丝带公益组织的进一步发展。

(五) 草根非政府组织受限较多，筹资不顺

(1) 与企业合作开展公益项目并获得捐赠是公益组织一个重要的筹款渠道。然而，金丝带目前与企业的合作方面做得比较差，多为一次性活动，缺乏深度，没有形成一个长期的合作机制，善款来源的稳定性因此受到影响。

(2) 捐款渠道不稳定。捐款渠道每年都会改变，以往行得通的渠道转年很可能不再可行，因此，每年都要以审视旧的渠道并探索新的筹款方式来维持组织的运行。2017 年，广州金丝带申请进驻淘宝公益宝贝计划，在较短时间内就获得了 3000 多万笔捐赠，金额达到 150 万元。但 2018 年广州金丝带被淘宝告知，由于项目更新，将暂停公益宝贝计划，好不容易找到的捐款渠道就此被切断。尽管广州金丝带也与众多基金会合作，从中获得捐助，然而基金会往往乐于资助不同项目，一个项目一般只捐助一年，广州金丝带每年都需要重新联系其他基金会来获得资金。

(3) 政府主导的公益占的比重很大，极大地挤占了在某一领域的专门草根公益组织的发展资源。在广州"遍地开花"的家庭综合服务中心，更像是将政府的一部分职能划分了出来，政府对这种普惠性的便于管理的机构更为青睐，但这其实是挤压了人力、资金资源在专门化的公益组织中的分配，不利于广州金丝带这种专门致力于癌症患儿关爱的公益组织的发展。"专业的服务必须要由专业的人去做"，罗志勇总干事希望政府可以改变其对公益的观念，将更多的人力、物力投入更细化的公益组织中。

(4) 理事会成员多为"草根",缺乏社会影响力和连接广泛社会资源的能力,理事会筹款能力有待提升。

四、传播建议和总结

在互联网时代,公益组织要想在传播上吸引受众的广泛关注和持续参与,需要根据公益组织当前传播的不足以及公益行业的传播趋势,不断完善对内和对外传播的策略。而从上述对广州金丝带的公益传播分析可知,广州金丝带需在以下方面进行策略调整。

1. 确立主要宣传阵地,提高品牌叙事能力

确立主要的新媒体宣传平台可以使公益组织在传播渠道上精耕细作,以优质内容吸引受众,提高传播效率。广州金丝带可在现有的新媒体平台中选取一个作为主要的推广渠道,并对该渠道上发布的内容进行二次规划,包括内容的栏目设置、粉丝社群的运营和叙事的口吻等,形成自己的品牌特色和品牌叙事。

在宣传内容上要追求深度,尝试对品牌的特色活动进行议程设置,并把握好宣传节奏,如一周举行活动一次或两次等。同时,要成立专门的团队与受众社群互动,此举一来可拉近组织与受众之间的距离,从而建立并维持长久且良好的关系;二来可及时回应受众的疑惑,避免不实消息的传播。

而在叙事手法上,需塑造被受众认可和能激发共鸣的形象,构造结构缜密的故事情节,传递品牌核心价值理念。[1] 儿童象征着未来,以儿童的视角撰写文稿能打动受众柔软的内心,达到情绪感染的效果。但在营造感性氛围的同时,行文切忌煽情,而应将诉诸理性和诉诸感性相结合。[2] 因为随着反转的爱心事件频发,公众对募捐的信息变得理性谨慎,添加缜密的故事情节能提高信息的真实性,引发公众深度思考,这也有助于公益筹款。

2. 借力意见领袖及圈层传播,扩大传播范围

意见领袖如明星、知名公益人士等,掌握较多的社会资源,在社会上拥有

---

[1] 袁绍根:《品牌叙事:提升品牌价值的有效途径》,载《日用化学品科学》2005年第7期,第25-30页。

[2] 能青青、周如南:《社交媒体时代的公益传播——以腾讯公益为例》,载《新闻世界》2016年第6期,第51-53页。

一定的话语权，其一举一动会吸引许多人尤其是粉丝的关注和参与，且自带粉丝效益，如能邀请意见领袖参与体验公益活动，有助于扩大公益活动的覆盖面。曾经风靡全球的冰桶挑战正是利用意见领袖来扩大传播范围。

而圈层传播能聚焦特定的受众人群，尽可能在该圈层群体中获取最大的传播效果。广州金丝带的受众有普通义工、患儿家长等不同类型，在宣传推广时需根据不同的受众特征而使用不同的传播策略，洞察各群体的需求，再进行信息传播。

如能结合意见领袖和圈层传播两方面，邀请不同领域的意见领袖体验公益，则有利于实现圈层间的传播和接力，形成病毒式传播。

3. 尝试跨界合作，创新公益形式

不同领域对现存社会现象的关注点不同，所掌握的社会资源各异，公益组织与其他领域的企业如互联网企业、文创企业等合作，会给公益活动增添更多创意，汇聚不同品牌在技术、传播等方面的力量，为公益活动提供更好的策划方案，促进公益可持续发展。因此，在策划公益形式时，可以考虑通过跨界合作的方式创新公益项目的传播策略。

在前面分析广州金丝带的传播推力时，曾提到广州金丝带与益动广东、唯品会联合举办的"唯爱暴走大挑战"，这就是一场跨界合作和公益形式的创新。其公益形式与以往的治疗陪伴等不同，而是通过捐步打卡的方式为公益项目筹款。尽管公益形式的可行性得到了提高，但在采访广州金丝带的罗志勇总干事时，他指出由于这次活动的宣传时间过短，宣传工作并未做好。而且，愿意参与捐步打卡的义工都是广州金丝带的"铁杆粉丝"，并未能更大范围地吸引其他普通公众的关注和参与。如何在跨界合作中做好双方的宣传工作以扩大活动的影响力，是值得双方反思的地方。

因此，在日后的公益活动开展中，金丝带可以多考虑与不同行业的品牌合作，并在公益形式的多样化和创意化上努力，配以合适的宣传方案，争取在公益道路上碰撞出更多火花。

4. 招募更多优质人才，提高业务能力

人才缺乏对于公益组织的发展而言是硬伤，因此，必须扩大招募范围，多渠道广泛招募优质的专业人才，把公益组织现存的短板补上。

游戏辅导是广州金丝带公益活动的一大亮点，但专业的游戏师数量不足，因此，应优先招募专业游戏师，并探索适合国内医院的游戏辅导模式。因为游戏辅导的应用源于国外，与国外的医疗氛围、社会观念等紧密相连，所以要想

将此方法较好地落地到本土中，需结合当地的医疗环境等形成本土化的游戏辅导模式。而在形成模式的过程中，专业的游戏师必不可少，因此，要广泛招募专业人才并不断提升他们的业务能力。

当然，像财务总监等专业人员也需不断提高业务能力，为广州金丝带的整体发展而努力。广州金丝带希望所有癌症儿童都得到有效治疗和照顾，拥有生命尊严和身心健康，平等地融入社会。为了达到这个愿景，他们在线上、线下的活动中做了种种努力，开展丰富多彩的公益项目，其合作治理模式、多平台的传播渠道，以及信息的公开透明都推进了广州金丝带组织影响力的扩大。近年来，该组织在陪伴癌症患儿及其家庭的重要性也日益凸显。

虽然发展势头良好，但由于广州金丝带是从纯草根机构发展至今，缺乏人才始终是令人头疼的问题。尽管希望广州金丝带可以逐步提升机构的专业性，如引进专业的心理学方面人才，让现在的专职社工获得更多资格认证及专业培训的机会，但这些都需要更多的资金支持。广州金丝带虽然是一个服务内容符合政府期待、与政府关系良好的公益组织，但是政府对公益领域过于粗糙的划分和过多的主导实际上也束缚着这个草根非政府组织的发展。

同时，团队缺乏稳定性，未形成系统的筹资体系等问题，一定程度上也限制了广州金丝带的发展。在未来，如何做好公益传播的工作，如何建立稳定的筹资体系，让更多的人了解并加入该组织，投入对癌症患儿及其家庭的关爱中，对广州金丝带来说仍是个严峻的考验。

本节参考文献：

[1] 崔焱. 儿科护理学 [M]. 北京：人民卫生出版社，2008：317.
[2] 梁江. 组织内传播与组织社会资本建设——对日本非营利组织的案例研究 [J]. 中国行政管理，2010（8）：92-96.

第三节 满天星公益"童书乐捐"项目传播案例研究

通过对满天星青少年公益发展中心（以下简称"满天星公益"）"童书乐捐"项目的个案研究，我们可以了解到一个公益组织、一个公益项目除了最基础的运营，更需要连接各个相关机构，聚集各方的能量，为项目的平稳运行提供动力。

一、满天星公益与"童书乐捐"品牌项目

（一）满天星公益

满天星，是一家专注儿童阅读推广的民间教育公益机构。满天星公益的工作主要是在中国欠发达地区选择图书资源匮乏的小学和社区建立满天星公益图书馆，通过对图书馆的运营支持推动项目点的自主管理和自主运营，在当地逐步形成满天星公益图书馆网络，并以此为基础，开展丰富多彩的阅读推广活动，培养乡村孩子的阅读兴趣和阅读习惯。

满天星公益最基础的公益项目是公益图书馆，其他的公益项目包括教师培养计划、星囊计划、阅读冬夏令营等基本都建立在公益图书馆的基础之上。

公益图书馆的建立不仅仅关系到城市的童书捐赠者和被捐赠的乡村受益方，还关系到各个群体，如企业、学校、教育局、媒体和志愿者等。所以，如何连接各个利益相关方，如何在品牌的运营和推广中使他们发挥最大的作用是关键。这一点将在以下具体的项目研究中重点体现。

（二）"童书乐捐"品牌项目

"童书乐捐"是由满天星公益与中国儿童少年基金会、广州市妇女联合会、广州图书馆和京东公益共同主办的，以"分享你最爱的童书"为主题，为欠发达地区乡村小学开展的童书回收和新书善款募集项目。

"童书乐捐"项目是满天星公益图书馆二手图书的重要来源。童书回收主要是在城市进行，目的是鼓励城市家庭积极参与到捐书的环节当中，主要是考虑到童书在城市家庭中的闲置程度较高，如果投入乡村这个童书资源相对缺乏的环境中，一是能够更好地再现价值，是对资源很好的循环利用；二是能够满足城市人群对于公益的需求，让他们只需要捐出一本童书就能参与公益；三是能够尽量调整城乡儿童图书资源之间的差距，进一步改善乡村孩子的教育环境，向实现教育公平的目标努力。

二、"童书乐捐"项目传播策略分析

（一）公益组织与企业：链接、赋能

"童书乐捐"项目主要有三个步骤，包括二手书的募捐，图书的收集、清洁、分类整理，以及图书到达乡村项目受益点的分配、运输的流程。

这几个步骤看似简单，但实际上需要解决的问题却不少：一是二手书的募集。根据满天星公益2018年的工作指标来看，他们的目标是"募集不少于12万册童书"。那么，如何让公众知道"童书乐捐"活动并且参与到活动中就是最首要的问题。满天星公益作为一个公益组织，他们自己能做的传播工作无非就是在线上微信、微博等面对广大受众的平台投放"童书乐捐"的活动信息，在线下组织宣传活动鼓励公众参与。但他们传播的力量可以说非常有限，想要在短短两个月的活动时间内募集到12万册能够达到回收标准的二手童书，可以说还是比较有难度的。二是二手书的整理和运输。从分类、整理到出仓，再到去往项目点的运输、投放，这一过程都需要大量的人力、物力、财力。所以，要保证项目的持续稳定进行，就需要更稳定的资金来源。

面对以上问题，满天星实行的战略是"链接""赋能"。紧抓这两个词，把握好与各个合作方的关系是满天星的重要策略。

"链接"，即让满天星作为链接各个企业和组织的纽带。"赋能"，即给予各个相关方力量，共同推进儿童阅读服务的专业化和标准化。

1. 以公益组织为传播主体的公益传播模式

在"三元分析框架理论"中，市民社会是由"政治领域""经济领域""社会领域"三大部分组成，"政治领域"由强制、公益取向的政府主导，而"经济领域"则由意愿、私益取向的企业营利组织主导，而针对社会领域产生的公益组织其实是介于两者的中间，它存在的目的就是提供社会服务、调整社会资源分配。提供社会服务这个方向和政府的职能所向是一致的，但是在调整社会资源重新分配的时候，它不像政府有强制的权力，只能想办法让公众自愿让渡来进行资源的收集、整合，这一点和企业这种盈利性的组织又非常相像。公益组织的存在也是在调整政府和市场的关系，集合两者的资源、力量去更好地管理社会领域的事务，建设更好的公民社会。从某种层面来说，虽然公益组织是中介性协调机构，但是也处于这个传播系统的核心。在这个系统里面，公益组织是其他组织的联结点，缺少了公益组织，其他主体就没办法独自完成公益传播行动，进而影响社会领域的管理。

而且，具有共同取向的提供社会服务的目标也是政府和公益组织合作的绝佳理由。政府要提供社会公共服务也是需要支付一定成本的，与公益组织进行合作，除了公益组织分担了部分社会服务从而可以节约政府公共服务的成本，公益组织的加入也可以引导社会领域公众的关注、力量，形成一个更高效的资源整合模式。对于整个社会来说，公民受到的公共服务的质量也会有一个整体的提升。

在"童书乐捐"项目中，满天星公益就是连接各方的纽带。组织不仅与多家企业积极合作，为了实现把"童书乐捐"计划打造为中国最专业的童书捐赠平台，满天星公益还与国内最专业的10多家教育或者阅读推广类公益机构合作筛选受益项目点，鼓励公众分享最喜爱的童书，并对募集的童书进行严格分拣。满天星公益和承担了物流量的各个平台会根据受捐点的需求申请来分配童书，并监控每一本书的去向，让每一本童书都能物尽其用，让募集的二手童书能够发挥它们的最大价值。从这一点来看，满天星公益发挥平台效应，整合了各方的资源，并凭借专业的经验在整个项目的运营中把控着主导地位。

2. 企业与公益组织合作创造共享价值

（1）合作的必要性。与企业相比，公益组织作为非营利组织存在，且大都没有募捐资格，所以在资金、人力资源、物质资源等方面都比较欠缺。然而，打造一个持续的公益项目首先就需要稳定的资金来源。而企业参与公益往往在投入资金后难以继续跟进，或者没有推动整个项目运营的能力。相比之下，专业的公益组织有长期参与公益策划、组织和运营的经验，能让资金发挥出最大的效能。所以，从资源最优配置和效用最大化的角度考虑，企业实施公益活动的最优选择应当是将自有公益资源直接配置到专业公益组织。① 企业与公益组织合作是必然的选择。

不少有影响力的企业或品牌为了承担企业的社会责任感、向社会公众展示出积极的企业形象，很多都有投身于公益建设的打算，所以对他们来说，与公益组织对接，反而减轻了他们做公益的负担，要做公益并不用自己重新搭建公益生态圈，而是借用专业人士的努力来实现目标。满天星公益的"童书乐捐"计划作为一个重点打造的项目，到现在已经发展了三年，合作企业都对满天星

---

① 林新生：《企业公益与公益组织公益》，载《WTO经济导刊》2015年第11期，第62页。

公益这个平台充满了信心，也乐于在"童书乐捐"项目上投放固定的运营资金。

对满天星来说，作为一个专业的公益组织，除了能够为企业对接提供专业的公益服务外，还能够利用这些企业的影响力，吸引更多的人来关注公益、助力公益。而面对这多方面的援助，满天星能够集合它们的力量，共同为一个目标而努力。这对企业和公益组织来说，是双赢的局面，两者之间的合作也有利于形成更为健康的公益生态圈。

（2）合作的形式。企业与公益组织合作的形式比较多样，除了资金的捐赠，还可以在其他的环节共同参与，丰富跨界合作的内容和形式，进一步扩大影响力。

1）项目直接支援。在满天星公益"童书乐捐"项目的案例中，企业在其中提供重要的支援，如京东物流作为项目的合作方，提供免费上门收取已经分拣完成的捐赠图书的服务，会将图书送达选定的受益项目点。除此之外，享物说也分担了"童书乐捐"很大的物流量。如何让更多的人知道"童书乐捐"项目，如何让更多的人参与到项目中来，如何能募集更多的童书是这一步骤必须考虑到的问题。要解决这些问题仅仅靠满天星公益这一主办方是很难完成的，这就需要企业和公益组织共同发声，从而达到同频共振，使项目的传播范围能够扩展到最大。针对"童书乐捐"这一品牌项目的传播，满天星制定了联合京东公益、京东物流、万科V盟、享物说、广发证券、太平人寿等10多家具有一定影响力的品牌参与深度联合的传播策略，邀请和招募30个以上的阅读、母婴、公益、明星领域的KOL①和"100+公众"作为宣传大使，最终有超过15家权威媒体深入报道。

2）跨界合作。满天星公益与滴滴出行合作，建立了"滴滴出行·满天星公益图书馆"项目，并联合滴滴出行在郁南县宋桂镇中心小学进行图书馆揭牌仪式，推动滴滴官方自媒体和5家传统媒体进行报道。与君悦酒店和太平人寿合作，向其客户和员工劝募，募集了大量善款和童书。跨界合作能够扩大公益组织和企业的影响力范围，让对方有机会进入自己所在的领域，也是打破行业壁垒的一个表现，让公益渗入每一个行业。

（3）存在的问题。由于企业与公益组织在本质上还是有很大的区别，因而在二者合作的过程中往往会出现一些问题：一是二者的目标不同。公益组织

---

① Key Opinion Leader，关键意见领袖。

的行为目标主要在于增进社会福祉，提升自身的公益竞争力，获得更多的社会影响力，从而具有更高的善款筹集效率，最终目标仍在于提升自身增进社会福祉的能力。而企业参与公益事业，需要更多考虑捐赠的营销作用，通过公益事业达到提高企业竞争力、拓展市场占有率、树立企业良好形象、提升企业知名度的目的。[1] 因为他们的目标存在较大的分歧，所以一旦缺乏沟通就会削弱合作的优势，从而造成资源的浪费。

（二）组织自身的传播策略：以公众为核心

1. 公众是公益组织的核心

公益组织存在的根本价值是为公众服务。公益组织的产生是为了解决社会中政府、市场失灵领域的问题，也如上面所讲，公益组织连接政府、市场和公民来对日益强大的社会进行资源的重新分配、调整，解决社会中存在的问题，而社会的主体也是公民本身，所以公益组织的贡献最终受益者还是公众本身。

公益组织的行为主体也是公众本身。作为公益取向的领域，公益组织对社会问题的解决则更多是自下而上的[2]，从社会公民发起，先从个体再到总体。这种解决方式对社会中许多复杂的新生问题来说更具有灵活性、针对性，且试错成本较低，即使出了问题也不会造成太多公共资源的浪费。而政府自上而下的改革方法虽然极其高效，可调度的公共资源相对充裕，但是对于这些问题的应对容易僵化，背负公众巨大期待的公共资源也需要更稳妥使用，试错空间小。

而且，公益组织要做的就是对社会的资源进行重新分配、调整，而公益组织并不像政府有强制执行的能力，更多的是依靠公众对于资源处理的自我意愿来进行资源的汇集。这一点也可以说明公益组织能够做成的事情都是公众群体意志的体现。

所以，作为政府公共社会管理的延伸的公益组织的主体，不是以私益为主要导向的市场，也不会是自上而下进行管理的政府，只会是社会组成的主体公民。参与公益事业的公众群体规模也是公益组织实力和影响力的基础，公益组织如果要发展壮大，如何让更多的公众加入自己的行伍中来就是最紧要的问题。

---

[1] 林新生：《企业公益与公益组织公益》，载《WTO 经济导刊》2015 年第 11 期，第 62 页。
[2] 舒博：《社会企业的崛起及其在中国的发展》，天津人民出版社 2010 年版。

2. 具体实践

"童书乐捐"只是满天星公益的品牌活动之一，除了以上的借助大平台发声并向自身引流的方式，满天星公益自身也有一套传播策略。满天星公益品牌传播负责人强调，2018年，他们转变原有的过于正式的官方宣传式传播，定制"小、轻、新"多样化的传播形式。"小"即规模小，"轻"即轻量，"新"即传播形式和内容新颖。这一转变体现了满天星公益开始重视公众在公益传播中的作用。

满天星公益的日常推广除了微信、微博的线上渠道，他们还组建了超过700人的微信社群"星友会"，组织"用心说"栏目，以每日一更的形式分享"星友"与"童书乐捐"的小故事，从而活跃社群和巩固与受众之间的关系。为了维系社群，满天星公益会组织一些线下活动，如亲子故事会等，邀请专家学者前来参与读书分享，邀请父母带孩子参加，以一本书为门票，让受众通过多种形式来参与募捐，既能达到捐书的目的，又能感受到活动的乐趣。

三、"童书乐捐"项目传播困境与建议分析

（一）各方传播资源相对比较分散

2018年，"童书乐捐"计划整合了很多大的品牌方共同传播，不过各个合作方更多侧重于宣传自身的平台从而积累用户和数据，因此，虽然传播声量大，收集到的书籍也不少，但是对于满天星来说，活动声势虽然浩大，但是用户关注仍然只是强势的合作伙伴，这并不利于自己品牌的用户积累。虽然说这是因为品牌自身的影响力不足而采取的宣传策略，但是在后期的发展之中，应该要注重将用户关注力导引到自身品牌上。从这一点来看，从大品牌引流的效果不是非常明显，虽然项目得到了一定的关注，但满天星公益作为发起人之一却并没有得到太多关注。

满天星公益与重要合作伙伴在传播计划上的沟通不够充分，互动不够频繁。在微博话题互动的设计中，满天星公益在申请话题、推动意见领袖参与、联动公益伙伴参与上反应不够快，也由于没有及早获悉京东的信息与对方联动，并及时宣传造势，而造成一定程度上传播资源的浪费。

（二）传播效果不够突出，缺乏创新

H5（超文本5.0，全称为Hyper Text Markup Language 5）和视频的创作与设计立足点应该是创意，其次才是预算和经验。虽然说在H5和宣传视频的设计和传播上，制作经验还不够，预算也不足，采用了较为简单的设计，但是出来的效果还是比较可爱、童真的。不过H5和视频的最大问题还是创意不够有趣，整体还是偏向于传统的说教、呼吁的风格，对于用户来说，可能看完就会忘记，传播效果还是不够突出。

满天星的社群活动"用心说"等以公众为主体，连接受众关系的出发点很好，但实际效果也并不尽如人意。在社群中活跃的人比较固定，大部分受众实际并没有参与到社群活动中来，所以线上的社群联系程度也不高。

（三）加强与合作企业的沟通

在上文中提到企业与公益组织合作存在的问题，因为公益组织的行为目标主要在于增进社会福祉，而企业更多地考虑通过公益事业达到提高企业竞争力、拓展市场占有率、树立企业良好形象、提升企业知名度的目的，所以在合作的开始就要制订统一的方案，在项目运行的过程中要更多地沟通，才不会在整个传播环节中处于被动地位。向知名企业借力宣传的时候，需要尽力从中间尽量获取一定的热度，就之前京东的例子来说，双方的官方微博可以就此进行互动，对话化的信息发布也可以让活动显得更加亲近用户，而且双方的互动也可以让满天星进入公众的视野，吸引更多的人来了解满天星公益。

（四）倾听受众的需求

满天星公益的传播效果不突出很大的原因是没有搞清楚受众真正的需求。在新媒体环境下，公众的话题变化节奏很快，因为接收的信息很多，所以使得公众的注意力非常有限。如果还停留在比较传统的"单向输出"的传播模式中，就很难吸引受众的注意力。应该把握微信、微博等传播平台的特点，开展线上活动和分享等，充分与公众互动，进而提升自身影响力。

当下在新媒体新平台上面的有趣公益传播方式，特点如下：一是用户参与度高，比如腾讯的"小朋友画廊"，花1元钱就可以买下喜欢的画。这个活动门槛低，操作简单，活动参与方式是针对用户个人层面的，而不是简单笼统地呼吁宣传，这一点就已经能够加强用户本身的责任感，而且活动参与门槛低也容易打动用户,让用户更容易选择参与。另外,对于用户来说,参与之后有实际的收获,这一点也比较符合现在大多数人"实用主义"的准则,也给用户提供了一个心理满足感的载体。二是利用了用户个性表达进行传播。每个人都是群体中的一员,都需要建立社会认同,而像微信这种强关系社交平台恰好也是进行个性表达、建立个人形象最好的平台,比如转发推送、发送互动截图照片的朋友圈。而且强关系网络有一个极大的好处,就是受众对于处于这个关系的人群转发的这些内容的信任度会比较高,用户的接受度也会相应提高,传播方式就有点像"滚雪球",速度上升会非常快。这个特点其实也适合满天星,对于组织的关注度提升是相当有利的。

总体来看,满星公益充分利用新老媒体进行宣传和操作,传播受众覆盖老、中、青三个群体;活动结束后不仅为参与捐书的单位提供捐赠证书,还每年撰写非常详尽的项目报告供用户了解捐赠图书的去向和善款使用情况,因此在多种传播途径和积极向受众反馈方面做得出色。结合以上的针对其企业合作、受众倾听方面不足之处的分析与对策,希望为满天星、各公益组织的发展提出一些借鉴之道。

本节参考文献:

[1] 高展. 跨国汽车公司环境责任与竞争力研究 [D]. 上海:华东师范大学,2013.

[2] 李彦龙. 企业社会责任的基本内涵、理论基础和责任边界 [J]. 学术交流,2011 (2):64-69.

[3] 林新生. 企业公益与公益组织公益 [J]. WTO 经济导刊,2015 (11):62-62.

[4] 舒咏平,谷羽. 企业公益传播:公益营销的超越 [J]. 现代传播:中国传媒大学学报,2012,34 (9):94-97.

[5] 舒博. 社会企业的崛起及其在中国的发展 [M]. 天津:天津人民出版社,2010.

[6] 余明阳,舒咏平. 论"品牌传播" [J]. 国际新闻界,2002 (3):63-68.

[7] 夏丹. 企业与环保社会组织公益合作策略探讨 [J]. 收藏,2017 (9):6.

第四节　认知失调与资源依赖的转向：不同组织生命周期下，扬爱特殊孩子家长俱乐部的传播策略探析

随着我国进入转型期，各类社会问题层出不穷，民间社会组织在这种背景下逐渐得到发展壮大，并在维持社会正常秩序、促进社会和谐发展上扮演了越来越重要的角色。在这样的社会大环境下，由社会公众自发成立的草根公益组织，其自身的发展历程及相关建设经验自然引起了公众的广泛关注。本节基于组织生命周期理论、认知失调理论和资源依赖理论间的相互影响、相互关联，以扬爱特殊孩子家长俱乐部自身的运作发展为核心，具体探析了随着组织的发展与壮大，扬爱特殊孩子家长俱乐部在传播策略上的运用所发生的演变，并分别从认知失调和资源依赖两条路径上展开更为细致的研究。

一、受忽略的残障儿童的家长群体

随着我国进入改革深水区与社会转型的关键时期，各类社会问题在最近几年层出不穷。由政府主导解决社会问题的传统方法，在解决当前社会问题的过程中却出现了政府失灵的现象。基于此，有能力提供公共服务的社会组织开始得到社会的关注与重视，并以多种方式在"扶贫救助、环境保护、关爱弱势群体"等领域承担着政府替代者的角色。

有关帮扶残障人士的公益机构是公益组织中的一大分支。根据《中国民间公益组织基础数据库数据分析报告》，截至2013年年底，中国民间公益组织所服务的领域中，数量排名前五的服务领域包括儿童青少年、教育助学、综合志愿服务、环境保护和残障人士（见图2-2），针对残障儿童的服务是残障人士服务与儿童青少年服务的交集，相关的公益组织在整个公益行业中占据了很重要的一部分。

然而，公益组织或社会公众在关注残障儿童的时候往往忽视了其家长。家长是孩子身心发展过程中的一个关键角色，特别是对残障儿童来说，家长在他们的康复过程中起到十分重要的作用，他们"健康的心态与对康复训练的积极配合"都能给孩子带来更好的康复效果，因而对残障儿童的家长的教育和

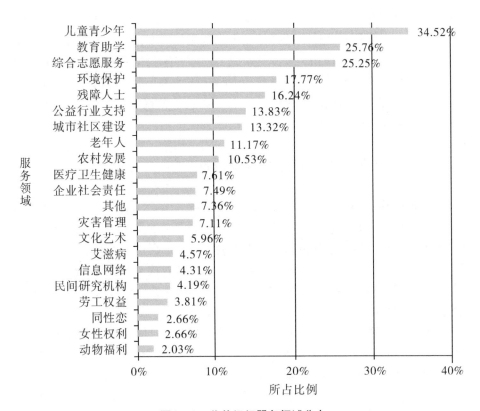

图2-2 公益组织服务领域分布

指导同样值得关注。另外，育有残障儿童的家庭往往比其他家庭面临更大的压力，在针对北京市学前残疾儿童的家长的心理压力和需求的一系列调查中，学者们发现，儿童残疾程度越重的家庭对精神支持的需求越强，不同残疾类型的儿童的家长所承受的压力也有所不同，相比听力、视力残疾儿童的家长，脑瘫、智力残疾和自闭症儿童家长的心理压力显著更高，而"自责、退避和幻想"是特殊儿童家长心理负担的最主要因素（彭虹等，2010；谷长芬等，2010）。因此，如何从专业指导和精神支持两个方面给特殊儿童的家长给予帮助，使其更好地陪伴特殊儿童的康复与成长，是关爱特殊儿童的公益机构所应该考虑的。

而在已有的文献中，对草根公益组织的研究大多停留在其与政府的关系、与社会的关系以及与组织内部管理机制等方面的探讨。本节试图立足于草根公益组织的传播行为，运用公益传播的理论与方法，以扬爱特殊孩子家长俱乐部为案例，分析其发展过程中在传播策略上的运用与演变，在一定程度上补充我国草根公益组织传播活动相关领域的研究。同时，家长俱乐部的公益组织形式在我国的发展历史仍然较为短暂，对扬爱特殊孩子家长俱乐部的研究有助于促进社会公众对此类公益组织的了解，使服务家长的公益组织获得更多的支持，并使特殊儿童家长这一群体受到更为广泛的关注。

二、广州市扬爱特殊孩子家长俱乐部

家长俱乐部（family empowerment club）的概念虽然在 21 世纪初才被引入中国，但在西方的儿童教育领域已经吸引了不少学者的关注和探讨。家长俱乐部是指为家长提供帮助使其得以拥有更多的资源、掌握更多的策略并获得情感支持，从而学会运用更好的方法面对日常生活中抚养孩子的各种挑战，防止事故发生的组织（Zlotnick et al，2000）。家长应学会在儿童的成长过程中尽可能地发挥家庭的功能。

广州市扬爱特殊孩子家长俱乐部（简称"扬爱"）是国内首家以特殊儿童家长作为服务对象的社会服务机构，由广东省妇幼保健院与英国心理学家布恩·史德福博士及他的夫人玛莲·史德福女士于 1997 年 5 月共同创办，成立以来一直致力于提升家长照顾孩子的能力、搭建特殊孩子支持帮助的平台并促进公众对特殊孩子的理解和关注程度，改善公众态度，努力成为"关心照顾者和家长充能的卓越机构"。该组织主要为珠三角地区的特殊儿童家庭提供服务，所服务的对象包括了自闭症患者家长、发育迟缓患者家长、唐氏综合征患者家长、脑瘫患者家长等多个群体，其中以自闭症患者家长居多。截至 2016 年 12 月 31 日，扬爱的登记会员共 1579 个家庭，活跃会员为 955 个家庭。目前，扬爱已形成一套较为成熟的面向特殊儿童家长的服务体系，并开展了面向在校师生、企业和行政部门等社会公众，增加他们对特殊儿童群体的了解和共融的公益活动与公益项目，获得了会员家庭的认可以及多家媒体的报道与关注。

作为国内服务特殊儿童家长的先行者和探索者，扬爱的自身运营模式与活动运作经验值得我们学习与探讨。如何开发与运作服务特殊儿童家长的公益项目与活动？在开展项目的过程中遇到过怎样的困难与挑战？如何促进社会公众对特殊儿童的理解与关注？如何为特殊儿童及其家长创造一个共融的社会环境？如何更好地传播组织的价值观以使社会认可？诸多问题值得我们深入研究。

三、理论基础

（一）组织生命周期理论

组织生命周期理论是研究组织自身建设及发展的一套重要理论，其强调要以生物进化的类比方式对组织的发展与转变进行深入探析，并将组织的发展特性与生物相比拟，重点阐释了组织因其所承担的任务、服务的群体以及环境的变化而孕育、发展、消亡抑或蜕变的过程。（王薇，2012）组织生命周期理论最早由马森·海尔瑞提出，其认为看待组织的发展可以借用生物学中的"生命周期"视角，组织的发展轨迹与生物的成长曲线呈现出一定的共通趋势，借用生物学中的"生命周期"观点，我们可以更好地对组织的发展历程进行宏观整体的把握与探析。随后，很多学者纷纷投入到对组织生命周期理论的研究当中。

在本研究中，我们主要采用的是葛瑞纳的组织生命周期理论。葛瑞纳认为，"组织的成长是一个由非正式到正式、由低级到高级、由简单到复杂的过程，他侧重组织内部管理的发展与变化，认为组织的发展可以分为依靠创新、依靠指导、依靠授权、依靠协调和依靠合作这五个成长阶段"（刘澄诚，2012），经过这五个成长阶段后，组织才能得到更好的发展与壮大。（见图 2-3）

将此理论运用于对扬爱特殊孩子家长俱乐部自身发展的解析，并不仅仅是给组织的成长划分阶段，其同时还能揭示影响组织生命周期的因素，并通过对这些因素加以利用，以使得组织自身能够不断得到发展与壮大。同时，借助理论中所提出的不同生命周期组织的发展特点，我们也可将其与公益组织的现实运行情况进行相互比对，从而修正组织运作的状态，实现组织的良性有序发展。

（二）认知失调理论

认知失调理论由美国社会心理学家费斯廷格于 1957 年提出。该理论认为：大多数人都有一种需求，即希望把自己看作明礼有信、有道德、聪明的人，当遭遇到少许信息暗示，他们的行为多是粗鲁无礼、不道德或愚笨的时候，他们

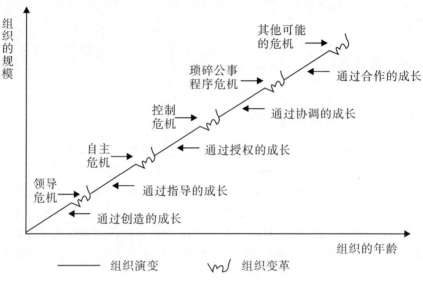

图2-3 葛瑞纳的组织生命周期理论

会感到不恬逸。这种由于做了一件与他们习性（而且通常是正面的、积极的）不符合的事情而产生的不舒适感，称之为认知失调。（Festinger，1999）认知失调总会引起不舒服，因而人们通常会采取相应的措施以减少这种不舒适感。阿伦森于1997年提出了人们减少失调的三种方式：①改变他们的行为，使行为与失调的认知一致；②改变其中的一项认知，为他们的行为寻找理由；③增加新的认知，来为他们的行为寻找理由（Aronson，Wilson，Akert，2007）。

通过对认知失调的解读，我们不难发现，认知失调理论在一定程度上具有改变他人行为的特殊作用，通过唤起他人认知失调所产生的不适感以使其反省自身行为并进行修正，不失为一种极为有效的组织传播策略。在对扬爱特殊孩子家长俱乐部的访谈及相关活动的解读中，我们也可以看到其在认知失调理论的运用上有着鲜明的痕迹。借助人们试图减少认知失调的这样一种心理机制，扬爱主要致力于从第一种方式去进行突破，也即改变公众行为而非改变公众的认知。认知失调理论为我们探究扬爱的传播策略提供了一个独特的视角与窗口。

(三) 资源依赖理论

资源依赖理论于20世纪40年代提出，其是研究组织与外界资源环境、组织与组织之间关系重要的组织理论。该理论的核心观点是，"没有任何一个组织是自给自足的，所有组织都必须为了生存而与其环境进行交换，获取资源的需求产生了组织对外部环境的依赖。资源的稀缺性和重要性则决定组织依赖性的本质和范围，依赖性是权力的对应面"（王名，2008）。资源依赖理论还包含了四个重要假设："①生存是组织最为关注的事情；②没有任何组织能够完全自给自足，组织需要通过获取环境中的资源来维持生存；③组织必须与其所依赖环境中的要素发生互动；④组织的生存建立在控制与其他组织关系的能力的基础之上。"（葛亮、朱力，2012）

因而，如果一个组织维持生存的资源掌握在其他组织手里，那么其在自身的运作上往往会受限于被依存组织的要求，其控制权很难由自身来进行把握。但值得注意的是，依赖的相互性是资源依赖理论的一个重要特点，两个组织在资源上是可以同时进行、相互依赖的（马迎贤，2005）。不过，"不同组织间的资源依赖程度主要取决于以下三个因素：一是资源对于组织维持运营和生存的重要性；二是持有资源的群体控制资源分配和使用的程度；三是替代性资源的可得程度"（李凤琴，2011）。这三个因素所带来的综合影响使得控制权往往在现实中会偏向于某一方组织，难以达到完全均衡。

而公益组织自身的发展同样也体现在对资源依赖程度的发展变化上。学者徐家良提出，第三部门所需的组织内部资源主要是组织内部人员、物力、财力、能力等，外部资源包括关系资源（与政府的关系、与市场的关系、与社会组织的关系）、项目资源、政策资源等（徐家良，2012）。扬爱特殊孩子家长俱乐部作为其中的一部分，其自身的生存与发展同样也需要这些资源的供给与加持。而在扬爱自身发展的不同周期，其对不同资源的依赖程度同样也在不断发生着变化，这也为我们认识扬爱在对外与对内传播中重心的转移有了更为深入的解读与思考。

本节基于组织生命周期理论、认知失调理论和资源依赖理论间的相互影响、相互关联，以扬爱特殊孩子家长俱乐部自身的运作发展为核心，具体探析了随着组织的发展与壮大，扬爱在传播策略上的运用所发生的演变，并分别从认知失调和资源依赖两条路径上展开更为细致的研究。具体来看，以认知失调理论为视角，扬爱在其发展的不同阶段，总体上是遵循以唤起不同受众的认知失调为其组织的传播策略。不过，在不同的发展阶段，其所触及的受众人群也在一定程度上发生了变化与融合。而从资源依赖理论视角出发，依靠组织在其自身不同生命周期中组织自身结构和行为的优化，组织在对资源的调度与利用上也综合运用了不同的策略与方法，主要体现于与政府部门、企业、新闻媒体以及社会公众等相关利益主体的关系中。借助于不同利益主体间的关系的调整，使得组织自身的发展能与环境实现更好的契合与呼应，最终引导组织实现更为有利的发展。最后，本节也对扬爱特殊孩子家长俱乐部当前在组织运作中所面临的问题与困境展开进一步的探讨，剖析其形成原因，并将扬爱特殊孩子家长俱乐部置于组织自身的发展周期及社会大背景环境中，以为组织未来的建设与发展提供富有建设性的对策和建议。

四、扬爱特殊孩子家长俱乐部的发展历程及特征分析

依据葛瑞纳的组织生命周期理论，组织的发展可以分为依靠创新、依靠指导、依靠授权、依靠协调和依靠合作这五个成长阶段，扬爱特殊孩子家长俱乐部的发展同样也遵循着这样的组织发展路径。借由此路径下组织内部管理的调整与更迭，扬爱也不断调适着与社会大环境的关系，并使组织自身能够更好地适应社会的发展。在此研究中，我们将依靠创新看作组织发展初期阶段的特征，依靠指导和授权看作组织发展中期阶段的特征，而依靠协调和合作则看作组织发展成熟期阶段的特征。

（一）依靠创新——社会支持视角下瞄准特殊孩子家长

组织在创立之初，往往需要"以新制胜"，以在激烈的同质化竞争中能够脱颖而出。特别是公益组织，由于相关社会服务的受益群体具有较强的固定性，因而各个公益组织所提供的服务更应趋向多元、创新，以挖掘社会中被忽视的群体或潜在群体的服务需求与意愿，并为其提供异质化的公益支持。因此，创新对于新生的公益组织往往显得尤为重要，而这也是处于初期阶段的组织面临的最为紧要的问题。

而扬爱在创立之初的定位上，创新性地将其服务群体瞄准在特殊孩子家长这一群体上，并围绕特殊孩子家长所需的社会支持展开自身的服务。这一方面是考虑到当今中国的社会环境、人情关系以及特殊孩子成长环境的重要性。家长作为主要照顾者，其自身的生活态度、思想观念、教育能力等均对特殊孩子

的成长起着十分重要的影响,并极有可能影响到特殊孩子未来对于生活、社会的态度。另外,特殊孩子的家长在工作及生活中往往会面临着常人所难以想象的心理压力与生活重担,因而作为特殊孩子的家长,其往往更需要社会提供一定的情感支持与抚慰,以帮助他们更好地走出生活困境,回归正常生活。扬爱特殊孩子家长俱乐部把特殊孩子家长群体作为其服务对象,通过分享经验、提供心理支持等,让特殊孩子家长能够从生活的阴影中走出来,进行自我照顾与压力调适,回归正常生活。同时,扬爱也通过对特殊孩子家长的培训教育、支持性就业宣传、座谈会等,提升其照顾孩子的能力及水平,减少特殊孩子家长在孩子的招生教育、社会融入、就业等方面的诸多忧虑和负担。因而以服务特殊孩子家长为中心自然也就成了扬爱特殊孩子家长俱乐部成立初期的一大创新与亮点,而这也为扬爱自身的发展与壮大打下了良好的基础。

(二) 依靠指导与授权——扶助家长成立互助团体

随着组织的建设与发展初具规模,组织对其服务群体所提供的支持与帮助也日渐饱和,而这个时候,依靠指导与授权策略以进一步提升组织的发展进程也就显得尤为重要。在此阶段中,组织更应唤起服务群体的主体性,通过相关的指导与授权,让他们能充分发挥自己的主观能动性,并亲自参与到组织的活动中来,以利他的动机更好地与组织携手共进。同时,借助组织的赋权与赋能,也让早期的被服务群体的主体性愈加凸显,在组织中形成更进一步的新生力量,以壮大组织的服务规模与力量。

具体来看,扬爱在其发展到一定规模之后,积极倡议社会共融,致力于唤起社会公众对于特殊孩子的了解和关心,并能以平等、尊重的姿态主动地接纳他们,为他们的生活、学习及就业提供应有的保障和条件,让他们得以与同龄人一样健康快乐地生活。而推动这种社会共融的力量,很大程度上就依赖于扬爱早期所服务的特殊孩子家长群体。当这些特殊孩子家长的工作、生活回归到正轨以后,也开始致力于扶助当前仍需帮助的特殊孩子家庭,并通过分享会、讲堂的形式,为特殊孩子家长提供心理支持与心理慰藉,让他们能慢慢接受事实并调整自己的生活,回归正常生活轨道。同时,他们更多地致力于为特殊孩子的成长提供一个良好的社会环境,通过参与为特殊孩子的权益及利益的发声,推动相关政策的出台,以为特殊孩子的成长提供更为良好的社会环境和条件。不仅如此,借助扬爱自身的指导与赋权,特殊孩子家长间也组建并成立了特殊孩子家长团体,可以将其看作家长身份由被动接受者转变为助人者、倡导者的一个典型代表。

目前，扬爱共促成三个不同年龄阶段的特殊孩子家长群体的组建及成立：①以学前学龄儿童家长为主体的"融爱之家"，积极推动多元化融合教育。目前已经独立注册为新兴家长组织。②以青少年家长为主体的"青春无敌派"，积极推动职业教育、社会实践、社区自主生活、支持性就业。③以居家成年孩子家长为主体的"德福之家"，抱团取暖，守望相助，积极提升成年孩子家庭和社区生活质量，关注"双老"主题。同时，为了更好地推动越秀区、萝岗区融合教育的发展，扬爱还促成了分区内家长小组的成立，通过以家长小组、家委会的形式向当地教育局递交自身诉求，使得特殊孩子能够和同龄人一样享受正常的校园生活，获得同等的受教育的机会。不仅如此，以家长小组为基点，致力于就特殊孩子家庭的生活保障、政府支持性就业等具体议题向政府提请诉求，以推动相关政策的出台并得以更好地贯彻执行。

（三）依靠协调与合作——与其他组织的交流与协作

当组织的发展已经渐趋成熟并在该公共服务中有较大的影响力时，通过依靠与其他组织间的协调与合作，并以此集结成更为广泛的社会动员力量，往往能让组织突破当前发展的瓶颈，并借助各方的资源与信息优势，形成强大的社会推动力量。具体来看，扬爱在该发展阶段主要开展了与政府、学校、其他公益组织间的协调与合作，致力于从政策、教育、资源这三个方面共同推动特殊孩子家庭所处社会环境的改善。

1. 与政府的沟通

扬爱与政府的沟通主要体现在政策倡导、项目推行上，包括推进普通学校特殊教育工作、残疾人支持性就业、残障人士社会保障等方面的内容。扬爱通过市长信箱、信访平台等多次向政府传达自己的诉求，推动政府早日出台相关政策以更好地维护特殊孩子的相关权益，致力于从政策层面上为特殊孩子的成长提供保障。

2. 与学校的合作

在扬爱处于成熟期的这一发展阶段中，推动融合教育的施行，让特殊孩子能与普通孩子共同学习、共同相处，往往也需要公益机构与学校进行广泛的合作。从2008年起，由随班就读的特殊儿童家长发起，广州市少年宫特殊教育中心和广州市扬爱特殊孩子家长俱乐部联合开展"融爱行"随班就读支援计划。项目组派遣经过培训的特教助理到普通学校去，辅助特殊儿童逐步适应普通学校的校园生活，养成良好的学习习惯，积极发展与学校老师、学生的沟通和交往，满足其特殊教育需求，提高随班就读教育质量。这样一种随班就读方式也使得扬爱与许多学校建立了广泛的合作关系，从而为更好地推动融合教育奠定了基础。

3. 与其他公益组织的协调与合作

扬爱在其自身得到一定的发展壮大后，也与很多公益组织展开了合作与交流。例如，它与全国家长组织联盟、中国精协孤独症工作委员会、港澳台广深结谊组织等都有着较为密切的合作。通过与其他公益组织的合作与交流，不仅能从中学习到其他组织的相关建设经验，同时，这也使得公益机构合作所形成的整体力量变得更为强大，在推动政策出台及利益争取上有着更为广泛的动员力量。

五、扬爱特殊孩子家长俱乐部的传播策略演变

（一）认知失调策略的运用与演变

认知失调理论的基本观点认为，人具有一种保持心理平衡的需要，而认知矛盾往往会打破心理上的平衡，使个体出现不愉快的心理状态，这种心理状态又会促使个体做出一定的行为，以重新恢复心理上的平衡。扬爱在其对外传播策略的运用中，很大程度上正是借助唤起对象群体的认知失调，进而通过他人心理机制的自我调整来修正自身的行为，从而让他们能在切实的行动中体现对特殊孩子的关心与尊重，为特殊孩子的成长营造出社会共融的环境。而借助阿伦森所提出的认知失调理论的三大基本假设，我们也可以从中管窥扬爱在认知失调策略上的具体运用和干预。

认知失调策略的具体运用如下。

（1）假设一：人们相信自己是正派、公平、善良、聪明和有价值的人。基于这样一种认知假设，唤起对象群体在认知失调上的矛盾，最为直接的办法就是通过相关错误行为的提出，以指出其在行为上存在着诸多不符合道德标准的地方，并借此与其原有的价值观形成冲突与矛盾。而扬爱在具体的传播策略中，也对此进行了很好的运用。如通过安排高校大学生与自闭症儿童相处一天的志愿活动，让大学生在与自闭症儿童的相处过程中真正体会与意识到他们自身的行为存在对自闭症儿童的偏见与排斥。一些原本在他们看来也许并不会有

太大问题的行为,却在与自闭症儿童的相处过程中成了问题所在,这样一种亲身经历与体验往往也给他们既有的认知假设带来极大冲击,使他们在认知失调的心理机制作用下,发现自身行为的可修正之处。

(2) 假设二:人们除了具有相信自己正确的动机,还具有努力使自己正确的动机。基于认知失调所唤起的这样一种心理机制,"人们除相信自己是正确的之外,在减少不协调行为的同时,还能进行理智而具有适应性的行为"(李莉莉,2008)。这一假设所强调的正是人们所具有的改进自身行为的主观动机,这样,人们才能从错误中吸取教训并不断成长,而非隐藏错误以进行自我保护。也正是基于人们这种积极向上的心理动机,扬爱在唤起公众的认知失调后,也让公众对自身行为进行修正并稳定下来。例如,扬爱所运行的"分享爱—家长充能建设"项目,正是通过作为过来人的家长将累积的经验教训分享给新家长,帮助新家长少走弯路,及早从困惑中走出来。这背后所赖以运行的心理机制正是人们所具有的改进自身行为、积极向上的主观动机。

(3) 假设三:人们通常认为自己是合理的存在,自己的行为应该是符合逻辑的。人们这一固有的认知惯性往往也成为组织唤起公众认知失调的一大动机。同时,这也是组织在对外传播中面临的最为棘手的问题。人们往往认为自己的行为应该是符合逻辑的、理性的,然而,由此所形成的刻板印象或观念使得其对自身行为的修正变得极为困难。因而想要通过具体措施改变人们的刻板印象、扭转他们的固有看法,其过程往往变得尤为漫长和艰辛。

扬爱在一些具体项目的推行中,往往面临着许多利益相关者的反对与阻挠,如一些家长便觉得特殊孩子应该被关在家里,不能让他们出来,免得给社会造成太多混乱。而特殊孩子由于自身所存在的问题,反而更需要通过一些与社会的交流、学习的机会,以更好地融入社会,同正常人一样生活。此外,在特殊儿童的教育问题上,许多人也会认为特殊孩子更应该在特殊学校中进行教育,而不能将他们纳入普通的校园教育模式中。毫无疑问,这些刻板印象及固化观点的存在,其本质上是不利于特殊孩子的健康成长的,也无助于特殊孩子更好地融入社会。因而扬爱在其对外传播中,也一直致力于进行公众教育与校园共融倡导,努力转变公众固有的看法及观点,而这也是他们组织未来发展仍将继续推动的。

(二) 认知失调策略的演变

伴随着扬爱在不同生命周期阶段中的成长,其在认知失调策略的运用上也呈现了一定的差别。这集中表现在其所唤起的认知失调的对象群体上，具体呈现在从特殊孩子家长群体到社会公众群体的扩散上。

在早期发展阶段，由于受限于组织自身的资源及能力，扬爱在唤起认知失调的对象群体的选定上，更多的是局限于特殊孩子家长这一群体。其主要致力于通过对家长的心理疏导、教育培训等，唤起家长群体中的认知失调，让家长逐渐从被动接受者阶段脱离，并往自助者、倡导者方向实现更高阶段的提升。具体来看，主要呈现金字塔的发展模式。①被动接受者阶段：主要帮助家长认识问题、接受事实、确定诊断、接受建议；②协同疗育者：主要帮助家长学习技巧及知识、解决问题、处理危机、成为专业人士伙伴；③自助者：帮助家长学会自我照顾，调适压力，重新建构生活，学习联结及运用资源，资助自己的子女；④助人者：让家长学会利他，与其他相同问题的家长联谊，分享自己的经验；⑤倡导者：组织家长团体，集合力量影响他人。（见图2-4）

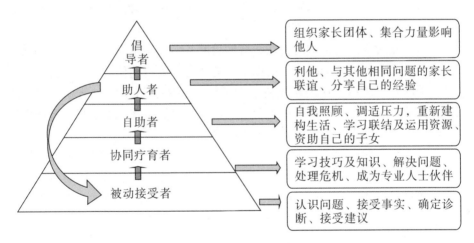

图2-4 金字塔的发展模式

而这种通过唤起认知失调所带来的特殊孩子家长能力的提升，主要通过以下方式进行展开。

一是家长教育与经验分享。家长教育与经验分享主要以分享会、讲堂的形式进行，扬爱理监事家长多次担当分享嘉宾，与家长同路人分享自己的经验。其主要发挥了以下两个功能：①通过分享会的交流学习进一步提升家长对其孩子疾病的认识，学习相关技巧及心理知识，让家长能够更好地成为孩子的疗育者；②借助分享会的形式，让特殊孩子家长慢慢从被动接受者向助人者、自助者的角色进行提升。

二是提供资源联结。在扬爱的微信公众号中，公益机构还会不定期更新相关的招生、支持性就业、教育政策、医疗保障政策等信息，减少特殊孩子家长在搜寻信息上的信息成本，同时也让适龄儿童能在相应的阶段获得相应的学习及工作机会，更好地融入社会生活。

三是组织家庭互动活动。扬爱还会定期组织相关的家庭互动活动，比如增城摘荔枝活动、一起走活动等。通过相关活动的举办，一方面让孩子更多地接触社会，与他人进行交流，走出封闭的环境；另一方面也有助于为特殊孩子的成长营造良好的家庭氛围，增进家庭内的情感交流与互动。

而随着扬爱自身的发展壮大及相关特殊孩子家长群体的培育获得成功，其也拥有更多的资源和能力将认识失调的对象群体扩展至社会公众，并通过唤起社会公众的认知失调，以为特殊孩子的成长营造一个良好的社会环境。具体来看，主要表现在以下几个方面。

一是公众教育。扬爱进行公众教育的目的，一方面是唤起社会广泛公众对于特殊孩子家庭的关心与尊重，能以平等的姿态主动容纳他们；另一方面也是通过相关的知识传播，让公众能更多地了解自闭症、唐氏综合征等的相关知识，从而让特殊孩子能够获得更为及时的救助，也让特殊孩子家长能掌握更加专业的心理教育知识，帮助特殊孩子更好地成长。

二是校园共融倡导。"融合教育"作为扬爱一直主推的特殊孩子校园教育模式，其目的是想让特殊孩子也能够与同龄孩子一样一起进入校园生活，享受同等的教育条件和教育资源，而非只能在特殊学校就读。扬爱为此也多次走进校园进行倡导，举行"让爱·共融校园"系列活动，从幼儿园到大学均开展了相关活动，以促进在校学生及儿童更好地容纳特殊孩子与他们一起就读，并以平等、尊重的态度对待他们的一些特殊行为。

三是募捐。通过借助与公众的传播，让他们更多地了解特殊孩子家庭生活的不易与艰辛，从而发动更多的公众进行救助及参与到关爱特殊孩子家庭的活动中，帮助特殊孩子家庭更好地走出生活的困境，融入社会生活。

因而扬爱在组织生命发展的不同周期中，根据自身能力及社会环境的要求，在不断进行着认知失调策略的调整，以使组织的发展能够更好地适应组织内外发生的变化，并有效推动组织规模的继续发展和壮大。

六、扬爱特殊孩子家长俱乐部资源依赖策略的运用与转变

学者徐家良提出,第三部门所需的组织内部资源主要是组织内部人员、物力、财力、能力等,外部资源包括关系资源(与政府的关系、与市场的关系、与社会组织的关系)、项目资源、政策资源等(徐家良,2012)。在一个组织的建设发展过程中,对不同资源的调度与偏重,往往对组织自身的发展起着十分重要的影响。特别是当一个组织维持生存的资源掌握在其他组织手里时,那么其控制权就往往很难由自身来进行把握。因而在运用资源依赖的传播策略上,公益组织同时也需在资源与控制权间有所权衡,以做出最有利于组织发展的选择。

(一) 组织内部资源的统筹与协调

具体从扬爱内部的资源来看,财力、物力资源作为一个组织赖以生存和发展的基础,其在组织中自然占据着极其重要的地位。不过各种款项的筹得、物资的捐赠,其本质上仍需要广泛借助组织内部人员的统筹协调、集体行动。因而在组织内部的资源中,人员间的相互沟通交流,即组织的内部传播机制,往往才是统筹协调好内部资源的关键所在。而扬爱在当前也建立起了较为完善的对内传播机制。

1. 以共识为基础的信息交流机制

扬爱是依靠成员对某个特殊群体的共同关注而组成的公益组织,因此,在内部动员或是行动协作的时候,必须强调这一共识,营造出合作性环境:一方面要发挥成员对组织的奉献意识,另一方面要在扬爱的发展理念与成员个人的追求之间打造一种连接。由于扬爱成员大多是面对同样困难的家长,他们往往能在彼此身上找到社会支持,因而俱乐部的共识成为支持俱乐部发展、吸引新成员、举办活动的重要因素。

扬爱拥有自己的宣传体系,如官网、公众号。在如上的宣传渠道中,扬爱除了同步机构的现状和最新信息,更多的是对人事变动的公告和对慈善项目的记录,借此记录成员的活动,营造成员间的归属感。如公众号《广州扬爱家长会员走进致明学校为家长分享"养育经"》一文,通过记录家长会员在校园向公众分享的经验,体现家长会员的奉献精神。一方面使参与者自身感到成就感,另一方面也为其他成员树立了榜样。通过此类内部宣传,扬爱凝聚会员的

共识,激发会员间互帮互助,互相学习,从而对俱乐部生成一种归属感和凝聚力。同时,扬爱每两三周举行一次内部会议。通过部门会议,部门内高层向执行团队提供发展方向,统一俱乐部的思想。部门内部平等交流,任何人有意见都可参与其中,然后经过讨论达成共识。这样,经过会议讨论达成共识,一方面,因为有管理层的监督,俱乐部内部方向能保持一致;另一方面,每个人都参与有利于成员内部对共识的理解和执行。

另外,在成员达成共识和建设可信任的人际关系上,强化沟通效率、顺畅传播渠道非常重要。扬爱经常组织各式各样的交流活动,如家长交流会、家长座谈会等,此类交流会一般采用分享加提问回答的方式,以此对俱乐部关注的议题进行探讨。在此类活动中,发言人的水平非常重要,而扬爱内部发言人的传播能力停留在中等水平。虽然这些发言人有一定的分享思路,也有许多经历和经验值得分享,但在以清晰的逻辑将自己的内容表达出来方面,发言人普遍表现一般。这与发言人本身的素质和职业背景有相当大的关系,发言人往往只是普通家长,又缺乏俱乐部安排专业人员进行培训和引导。扬爱工作人员表示,俱乐部目前最困难的问题之一,就是缺乏人才。虽然俱乐部极力想吸引学生加入自己的活动,然而效果并不理想。

2. 组织示范性信号行为

组织示范性的信号行为,也就是组织的非成文规范,这需要通过不断的互动产生。在扬爱内部,这一示范性信号主要通过传播典型案例来塑造。通过传播一些典型案例和人物来引导成员共同投入组织目标,实际上是引导大家遵从组织文化和隐形规则。例如,组织鼓励所有成员都参加一些志愿性项目,并对俱乐部项目进行集中宣传。在2018年5月10日,扬爱参加《社区英雄》栏目,扬爱理事长戴榕成为"社区英雄",为大家分享扬爱的故事。正是通过塑造此类典型案例,俱乐部得以不断内化成员接受"互帮互助"的理念。

3. 纵向、横向传播结构完整

扬爱是依靠成员对某个特殊群体的共同关注而组成的公益组织,因此,在组织动员时,需要依靠这一基础。扬爱就将组织基础和学习结合在一起。组织性交流是合作的过程,而且合作传递的信息是带有组织扩大效应的。设计者从很早开始就利用了这个传播原理,从组织开始建立时就融入了交流型组织要素,组织因而得以平稳运行和发展至今。

首先,纵向传播结构,指组织内具有不同权力、地位、职能的上下级成员之间的垂直、轴状传播形态,它可以自上而下地传播,也可以自下而上地传播。组织上下信息相通才能使得组织有效地运转,所以纵向传播结构是几乎所有组织都会有的传播模式。扬爱的纵向传播表现在它的组织架构,其架构分为五个层级,前三个层级为管理层,决定机构的整体方向和决策,而后两个层级为执行层。通过部门会议,管理层将决策传达至下级,下级以项目和活动的形式投入执行。同时,层级内部也有纵向传播发生,如理事会分为理事和副理事,决策时理事具有更大权力。

其次,横向传播结构,指在组织内处于相同或相近权力、地位的成员之间所进行的水平性、对等性的信息传播形态。这对于组织内部各职能部门成员之间相互学习和监督、共同发展非常有利。在扬爱,横向沟通主要通过交流会的形式,成员与成员之间互相沟通、学习,分享心得,使得知识的传播和积累能力得到大幅提高,成员间关系更融洽,集体行动也更容易达成。同时,也非常符合扬爱鼓励家长互帮互助的理念和宗旨。

因而借助这样一套较为完整的传播机制,扬爱在组织内部人员的相互沟通和协同过程中均保持着较为紧密的联系,并在此基础上实现了对内部资源良性的统筹协调。

(二) 组织外部资源的统筹与协调

在对组织外部资源的分析中,扬爱主要聚焦于组织的关系资源,具体包含了与政府的关系、与市场的关系、与社会组织的关系这三个层面。

1. **与政府的关系**

扬爱特殊孩子家长俱乐部与政府间的关系,主要包括了以下四个方面:①政府以购买服务的方式,给予组织一定的财政投入,组织必须依据政府所提出的相关需求或条件提供相应的服务。②扬爱通过参与政府组织的公益创投比赛,从而获得政府的资金支持。③扬爱自身运营受政府的统一监管。

2. **与市场的关系**

扬爱特殊孩子家长俱乐部与市场间的关系,主要集中于从企业或社会获得筹款来源,也即捐赠与被捐赠的关系。其在市场中的捐款来源如表2-1所示。

表 2-1 扬爱特殊孩子家长俱乐部的捐款来源

比例	来源	金额（万元）	途径
政府 47%	广州市教育局	20	服务购买
	广州市民政局	13.4	广州市公益创投
	广州市残疾人联合会	6	服务购买
	中国精神残疾人及亲友协会	2.5	服务购买
	广州市慈善会	9.3	广州市福彩公益项目
企业 26%	一汽丰田汽车销售有限公司	10	理事牵线
	广东狮子会	9	会员牵线
	7-ELEVEN	10	每月定捐
社会 27%	融爱融乐心智障碍者家庭支持中心	5	快乐活动营项目
	社会捐赠	18	爱心人士
	99 腾讯众筹	7	99 众筹活动

可以看到，扬爱借助与市场的关系所获得的资金来源占据了 53%，所占比重已超过半数，其所获捐款来源主体也具备了一定的多元性。

3. 与社会组织的关系

扬爱与其他社会组织间的关系，主要聚焦于资源利用与信息共享这两个动机，在与学校、其他公益组织间均建立了较为良好的合作。具体来看，其与学校间的合作，主要是想借助学校的资源力量共同推动融合教育的推行，辅助特殊儿童逐步适应普通学校的校园生活。而与其他公益组织间的合作，则更多地体现为相关建设经验的分享及联合推动政府相关政策的出台。

七、扬爱特殊孩子家长俱乐部资源依赖策略的演变

对于公益组织而言，其对不同资源的依赖均会在组织发展的不同阶段上呈现较为明显的差别。而扬爱在其自身的发展过程中，同样也在资源依赖策略的运用上呈现了一定的转变。

(一) 从内部资源上看，由重财力向重人员转变

在组织成立发展初期，资金问题往往是组织面临的最为紧要和迫切的问题，因而对于处于初期阶段的组织而言，如何解决好财力资源这一问题，往往也就成了决定组织生存和发展的关键所在。而扬爱在其成立初期也同样面临着资金紧张等种种问题，直到香港凯瑟克基金会对早期的扬爱进行了财务及道义上的支持，才使得这种局面有所缓解。而随着组织的逐步发展和壮大，人员问题取代财力问题成为组织更加急需解决的一个问题。特别是随着组织的发展壮大，其所带来的组织成员急速增加，如何维护好各个组织成员间的关系及形成组织对外的合力，成为组织得以进一步发展的最大挑战。基于这样的考虑，扬爱在自身的传播机制上不断加以完善，并致力于通过传播机制上的改良以促进各个成员间的良性沟通，维护好组织内的人员关系。因而在扬爱的内部资源管理中，由重财力向重人员的转变成为其发展过程中的一个重要特征。

(二) 从外部资源上看，由重政府关系资源转向重市场关系资源

在组织成立初期，正如我们前面所提及的，资金问题同样也是组织初期阶段面临的最为紧要的问题。而这也就使得扬爱在早期阶段承接了较多的政府购买服务以缓解资金上的困难与紧张。但随着组织对政府财政资源的过度依赖，其自身所提供的公共服务也往往受制于政府的管理与要求，缺乏一定的自主性。因而扬爱在得到一定阶段的发展后，其也在建设层面上考虑到了组织未来发展与政府两者间的平衡关系，并逐步削减对政府财政资金的过度依赖，而转向从市场关系中获取维持组织生存所必需的资金来源。这在其访谈中也得到了证实：社会组织是政府的一个有益补充，它跟政府更多的是一种互相补充的关系。如果社会组织还是要在大多数情况下依赖政府，其实这对其成长并不是很合适，万一政府的方向不在你这里或者说他们有他们的预算，就会变得很被动。所以，公益机构应该要有自己的造血功能，说白了，就是即便不做政府的项目也要能生存下去，这才是一个正常的社会组织应该有的能力。

八、扬爱特殊孩子家长俱乐部的发展困境与对策

扬爱特殊孩子家长俱乐部经过 20 多年来的发展，现已迈入了成熟期的发展阶段，并在认知失调策略及资源依赖策略的运用上也渐趋稳定，总体上呈现

较好的发展态势。但与此同时,扬爱成立至今也面临着越来越多的发展困境与瓶颈,而这也是决定其之后走向突破还是衰退的关键节点。因而我们有必要就扬爱特殊孩子家长俱乐部当前所面临的发展困境进行探讨,并以此提出其未来发展的可行性建议。

(一) 扬爱特殊孩子家长俱乐部的发展困境

1. 与社会公众联系较少,缺乏与公众足够有效的互动与交流,因而难以唤起普通公众的认知失调

当前,扬爱虽然开通了网站、微博、微信公众号等多个媒体渠道,但其在这些平台上所发布的绝大多数内容仍主要聚焦于服务特殊孩子家长群体的利益,具体包括了相关活动报名及回顾、特殊孩子相关教育政策、特殊孩子就业信息、寻人启事等相关内容,其在传播上并没有过多地考虑到与普通社会公众相关的信息需求与偏好。因而这样一种传播上的困境也使得扬爱在倡议社会共融上往往显得力不从心,很难维系好与普通公众间的关系,在倡议社会共融时更多地只能依靠线下渠道进行。

2. 在资源依赖策略的运用上,当前组织的资金来源仍较为单一,发展经费匮乏

在表 2-1 中,我们可以看到当前扬爱最主要的资金来源仍主要是来自政府这一主体,其资金来源比重占了 47%。同时,在访谈中,我们也了解到当前很多扬爱的项目在运行上仍较为缺乏足够的资金支持,在维持组织正常的运行上往往显得捉襟见肘。这也是限制扬爱未来发展的一大困境。

3. 扬爱虽然拥有平等的横向交流机制,但当前参与交流的各方差异仍较大,需要多加磨合

扬爱的成员以家长为主,对工作人员来说,服务整体是他们的目标;而从家长的角度来看,自己孩子的需求往往是他们思维的重点。然而扬爱的资源有限,众口难调之下,横向传播的效果会大打折扣,也很难达成共识,从而难以有效推进机构的发展和进步。

4. 理事会的决策下达缺乏沟通,出现下级难以理解上级决策的现象

2009 年,扬爱曾进行一次改革,这次改革发生在理事会稳定和壮大的时期,理事会的壮大带来机构的调整。时任理事徐前认为,机构的家庭式工作氛围虽然温馨,却缺乏专业化。为此,徐前为机构制订了绩效考核制度和新的战略规划。此次改革并未与下级进行提前的沟通,或向下级解释改革的动机与益处，导致了员工数量的大量流失。扬爱的纵向传播虽然保证了整体的协调和思路的一致，但由于缺少自下而上的反馈机制，上级的决策有时难以令下级接受。

（二）对扬爱特殊孩子家长俱乐部未来发展的建议与对策

1. 在传播内容上寻找与公众的契合点，采取分众化的传播策略

由于社会中的普通公众与特殊孩子家长群体在信息需求上仍存在较为明显的差异，因而扬爱在自身的传播内容设计上，也应考虑到这种受众不同信息需求间的差异，在传播内容上注意把握两方的平衡，在进行信息的对外传播中做到内外有别，区别对待，把更多的普通公众也纳入组织的对外传播过程中。

2. 组织自身要明晰对外传播的价值，努力加强传播能力及技能上的训练

在当今新媒体环境下，信息的传播变得愈加简便和快速，因而在这样的环境下，扬爱自身更应明晰其进行对外传播的作用和意义，而非单纯认为对新媒介开拓便是对新媒体环境的适应，在其对外传播的考量中更应发掘传播的价值。同时，扬爱也可加强与民间公益组织间的协作，主动寻求支持性公益组织的新媒体传播培训，提升组织成员的传播技能与传播能力。

3. 在内部管理上要加强组织自身的文化建设与团队建设，增强组织成员的凝聚力与向心力

扬爱在其工作计划中，也应将组织的团建活动纳入该范畴中，通过相关的文化建设、团建活动及组织成员间的相互沟通、相互交流，让组织成员更为明晰组织成立的宗旨与倡导，并形成较为强烈的认同感与归属感。

本节参考文献：

［1］ Burke J, Chandy J, Dannerbeck A, et al. The parental environment cluster model of child neglect: an integrative conceptual model [J]. Child Welfare, 1998, 77 (4): 389.
［2］ 蔡海龙. 参与观察法的特征及其在新闻传媒研究中的运用 [J]. 新闻界, 2009 (5): 34 - 35.
　　［3］ 代彬, 佟新月. 中国公益草根组织能力建设的探讨 [J]. 法制与社会, 2007 (3): 689.
［4］ 葛亮, 朱力. 非制度性依赖：中国支持型社会组织与政府关系探索 [J].

学习与实践, 2012 (12): 70-77.

[5] 谷长芬, 陈耀红, 王蕊, 等. 北京市 0～7 岁残疾儿童家庭需求调查研究 [J]. 中国特殊教育, 2010 (10): 7-11.

[6] 李凤琴. "资源依赖"视角下政府与 NGO 的合作——以南京市鼓楼区为例 [J]. 理论探索, 2011 (5): 117-120.

[7] 李莉莉. 论 E·阿伦森的认知失调理论 [J]. 长春理工大学学报（社会科学版）, 2008 (2): 27-28, 68.

[8] 李璐. 民办公益组织项目运作研究 [D]. 南昌: 江西财经大学, 2017.

[9] 刘澄诚. 广西草根公益组织的成长策略研究 [D]. 南宁: 广西民族大学, 2012.

[10] 马贵侠, 谢栋. 新媒体环境下民间公益组织传播能力建设: 现状、反思与提升策略 [J]. 新闻界, 2015 (6): 36-41, 51.

[11] 马迎贤. 资源依赖理论的发展和贡献评析 [J]. 甘肃社会科学, 2005 (1): 116-119.

[12] 彭虹, 周海燕, 陈淑云, 等. 北京市学前残疾儿童家长心理压力问卷调查 [C] // 中国心理卫生协会残疾人心理卫生分会学术交流会, 2010: 12-17.

[13] 秦舒莹. 网络草根公益组织面临的困境及出路 [J]. 社团管理研究, 2012 (6): 31-34.

[14] 史传林. 草根 NGO 的伦理困境与改善策略 [J]. 学术交流, 2009 (8): 24-27.

[15] 王名: 中国民间组织 30 年——走向公民社会 [M]. 北京: 社会科学文献出版社, 2008: 165.

[16] 王薇. 学校发展阶段评价解释模型的建立及应用——基于组织生命周期理论 [J]. 教育科学研究, 2012 (3): 36-42.

[17] 徐家良. 第三部门资源困境与三圈互动: 以秦巴山区七个组织为例 [J]. 中国第三部门研究, 2012 (1).

[18] 玉苗. 草根公益组织发展的研究综述 [J]. 学会, 2014 (3): 14-23.

[19] 中国民间公益组织基础数据库数据分析报告, 2013 [R]. 南都公益基金会, 2013.

[20] 朱婷婷. 组织生命周期综述 [J]. 人力资源管理, 2016 (1): 17-18.

第五节　腾讯"用艺术点亮生命"公益传播案例研究

一、新媒体公益与微公益

（一）新媒体公益

近年来，技术进步带动了新媒体指数化的成长，数字电视、数字报刊、网络、手机、触摸媒体等媒介成了更为广泛应用的传播手段。美国《连线》杂志把新媒体定义为"所有人对所有人的传播"，而传播公益理念的公益广告、公益新闻、公益活动等发起者和受众都极其广泛，可以说公益尤需传播，而新媒体独具优势。相较传统媒体而言，新媒体的互动性与及时性极强，接收者同时也可以是传播者、监督者。在新媒体的环境下，媒体的知情与传播"特权"被弱化，信息的监察权力也分散在受众之中，且传播者、接收者、监督者的身份在信息传播过程中变换频繁，信息制造与传播在广泛的受众群体中随时随地都在发生，整个过程具有很强的互动性与及时性。此外，新媒体制造与传播信息的成本极其低廉，近乎为零，对受众多为免费，每个人都可以在新媒体平台进行传播，大大提高了受众的主动性；同时，形式、内容多样的新媒体体现了小众化、个性化的特点，在某些特定人群中具有极高的关注热度和极强的影响力。

（二）微公益

新媒体构建新的人际关系网络。公益活动往往是通过"滚雪球"式的人际关系加之媒体宣传进行传播的，而网络包括移动网络等媒介在更广泛的时空范围内构建出一种新的人际关系。互联网具有开放性和互动性的特征，在不断的分享与互动过程中，很容易培养起人与人之间的认同感和信任感，而集体活动本身就是一个吸引认同感的过程。新媒体环境使以往的"大公益"碎片化，"微公益"渐渐成为趋势，公益活动的主导角色不再由政府、企业、公益组织所担当，每个网民都可以是公益活动的发起人、倡导者、参与者，公共意识代替传统的官方意识进行着公益引导和动员，公益传播的方向由传统的自上而下变成了自下而上。同时，即时的互动交流使公益活动的每一步过程透明化，使得更多的潜在参与者能够及时获取信息。微公益的参与方式多种多样，在不断的互动、分享、传播中，公益理念得到了可持续的传播，参与者也获得了精神上的快乐，由此激发更强烈的参与意愿。

我国微公益的产生最早得益于微博的诞生，微博的出现改变了传统的公益传播模式，使得公益传播由精英阶层主导，以大众传播和人际传播为主的传统传播模式向全民皆可参与传播的新型传播模式转变。2011年是我国的"微公益元年"，许多以往进行线下公益传播活动的公益组织和个人开始利用微博平台传播公益活动，"铅笔换校舍""免费午餐"以及"冰桶挑战"一系列新型公益活动在微博上取得成功。

（三）微信公益

微信诞生于2011年，是腾讯公司为手机终端用户打造的一款免费即时网络通信产品，集文字、图片和语音、视频于一身，用户还能够通过聊天、群聊、朋友圈等功能与朋友进行聊天互动。微信的参与门槛低、操作简单、即时快捷等特点使得它迅速成为人们最喜欢的社交软件之一。截至2016年，微信的月活跃人数达到6.5亿人次，微信朋友圈的使用率为78.7%，在所有社交软件中排名第一。微信时代的到来，也为公益传播带来了一条新的传播途径，给我国的公益传播事业带来了新的发展和变化。越来越多的社会公益组织和企业通过微信平台展开公益活动，甚至是个人也能很方便地通过微信众筹平台在朋友圈发起求助和开展公益活动。尤其是微信5.0的到来更是引发了支付方式的变革，人们可以通过微信支付直接参与公益活动，传播与实践效果更加显著。

还有微信App上的功能插件——腾讯公益，把以往分散的公益传播信息聚集到一个相对常态化和规范化的公益平台。这一平台拥有运动捐步、每日一捐、善款公开和WE救助四个功能，在界面上还有微信好友的捐助项目、本周最关注的公益项目以及捐助人数和捐款金额等，并且每条公益信息都有详细的分类。微信自带的腾讯公益，充分打造了一个公益信息丰富、类型多样、信息信源高、公益行为透明度高、传播效果好的平台，也是求助者与救助者沟通最直接的平台之一。

随着微信公益传播的逐渐发展，微信的特殊传播属性使更多的微信用户参与公益传播的活动，使公众从公益观望者变成了公益活动的实际行动者。每个善良的人都有渠道贡献自己的爱心，为需要帮助的人完成心愿，让人人公益、全民公益、指尖公益的理念逐步深入人心。所以，公益传播与微信的结合，是媒介技术发展的必然结果，并具有大好的发展前景。

从中，我们也可以看到，越来越多的组织和个人通过微信平台来从事公益活动，也有越来越多的微信公益活动取得成功，通过微信进行公益传播的效果都很好。而这些公益活动获得成功的共同因素就在于他们调动了广大普通受众共同参与的积极性，无论是捐款、捐步还是捐声音，都是无数个微信用户积少成多的结果，这正是来源于受众的庞大力量。相对于传统媒体传播、公益组织线下传播等传统公益点对点或者点对面的传播形式，微信公益正是借助于微信中上亿用户进行自发传播。微信公益中的受众不只是微信公益活动信息的接受者和参与者，他们更是微信公益活动的传播主体，他们对信息的生产、转发和评论都成为信息的二次传播。每个受众都可以通过朋友圈、微信群等方式将信息传播开来，从而形成裂变式的传播，将微信公益在短时间内迅速传播开来。在这个过程中，微信公益将每一个用户都连接在一起，人人都能贡献出自己的一份力量，从而促使微信公益在短时间取得巨大成功。微信公益取得的成就让我们看到了受众所产生的重大作用，受众的参与、传播都在深刻影响着微信公益。因此，对微信公益传播中的受众进行研究就显得尤为必要。

这次，我们以受众为研究视角，以腾讯"一元购画，用艺术点亮生命"公益活动为例，运用"使用与满足"理论，研究微信公益传播的效果及原因。

二、"小朋友画廊" H5

"小朋友画廊" H5 是腾讯公益、深圳市爱佑未来慈善基金会和无障碍艺途公益机构联合出品的线上线下互动公益项目，是 2017 年"99 公益日"的预热互动之一。这个"小朋友画廊" H5 展示了 36 幅画作，用户点开"小朋友画廊" H5 可以购买自己喜欢的画作，得到电子版，还可以通过朋友圈转发来进行传播。36 幅画作均由患有自闭症的特殊人群创作而成，也正因如此，这些作品也别具吸引力。此次在"小朋友画廊" H5 中展示的全部画作都是无障碍艺途公益机构从学员画作中选出的，入选画作的创作学员来自上海、广州、深圳等全国多个城市，年龄从 11 岁到 40 多岁。虽然他们都是自闭症患者，但他们的作品和艺术天分却让每个看到的人都惊讶和感动。

"小朋友画廊"H5 计划原本于 2017 年 9 月 1 日上午正式发布，但在准备过程中，有腾讯合作伙伴因非常喜欢而将其发布到了自己的朋友圈，使得意外"泄露"。36 幅小朋友的画作在不到一天的时间便筹集到目标款额 1500 万元，捐款人次超过 581 万元。在一个小时里新增参与者接近 174 万人次。8 月 29 日 17 点，腾讯宣布捐款数已满，停止捐款活动。

三、"使用与满足"理论

"使用与满足"理论从受众的心理动机和心理需求角度出发，结合心理学和社会学相关知识，解释了人们使用媒介以得到满足的行为，提出了受众接受媒介的社会原因和心理动机。

"使用与满足"理论的产生是传播研究史上的一个重要转折点。之前传播研究大多站在传播者的角度，就传播者如何影响受众进行研究，而"使用与满足"理论则把研究焦点转移到受众身上。传统的理论认为，媒介在传播过程中的主要任务是说服受众，受众是被动的，而"使用与满足"研究把受众看作有着特定"需求"的个人，他们的媒介接触活动是基于特定需求和动机并从中得到"满足"的过程。"使用与满足"研究以 20 世纪 70 年代为分水岭，把该研究划分为传统和现代两个时期。传统时期的研究试图了解人们为什么使用某些媒介内容。60 年代后期，该理论进入了一个新阶段，即现代时期。在这一阶段中，学者们在研究了人们的动机、期望及传媒作用下人的行为后，开始重点解释它们之间的关系。

四、"小朋友画廊"H5 传播策略分析

（一）"使用与满足"理论下的"小朋友画廊"H5 案例分析

1. 满足了受众对可信度的需求

与微博等开放式社交平台不同的是，朋友圈更趋向于熟人网络。相较微博陌生人圈子居多的环境下，人与人之间信息传播的影响力在微信更多的是来自亲人、朋友、同学或者同事。信息基于"熟人传递熟人"的模式进行扩散传播，这种劝服效果可与意见领袖相提并论，有时甚至更大。这其中，熟人带来的确定感和信赖感起到了关键作用。

此外，可信度在要求参与者无偿付出的公益活动中，扮演着尤为重要的一环。自"郭美美事件""红十字会事件"造成慈善组织信任危机后，每一则公益组织的负面新闻都在消耗着受众的信任，而朋友圈这种熟人网络圈子能在公益活动传播中添加一层信任的保护屏。

在这种对比下，微信熟人圈子的传播模式会有更多的优势，可信度也随之提高。

2. 满足了受众塑造良好形象的需求

在社交媒体环境下，群体认同是受众自愿成为一个传播者的重要动机。"一元购画"具有强烈的社交属性，鼓励受众在参与活动后分享到朋友圈，并且让朋友圈成为新用户引流的主要来源。

分享参与公益的内容，可以让受众在朋友圈中彰显自己的存在感，就公益话题实现社交的互动交流。戈尔曼的"印象管理"观点认为，人们的社会行为就是社会表演，人们在互动过程中按一定的常规程序扮演自己的多种角色，表演中人们都试图控制自己留给他人的印象。分享"一元购画"有利于受众在朋友圈中营造自己"善良""富有审美情趣"的形象，容易获得好友的价值认同和情感认同。

朋友圈是中国最大的社交圈，朋友圈可以分享。所以，表面上的捐助行为，本质上是社交行为。人们购买的也不是油画，而是朋友圈的一次分享。

企业家、明星做慈善，很重要的一点理由就是塑造个人形象。普通人也一样。但晒什么呢？总不能也晒捐款数字吧，1元2元的，没法晒。这次公益活动给了完美答案——晒油画。1元，我们买的是油画，也是我们对生命的理解和热爱。因此，我们必须分享，才能完成自我的表达，完成社交场上的形象塑造。如果不需要花1元钱，完全免费呢？效果会变差。付费是仪式，也是成本。都花了1元钱了，没理由不分享。我捐了1元钱，我分享得理直气壮！

3. 满足了受众实现人生价值的需求

对于"一元购画"的受众来说，他们花费1元钱，帮助患有自闭症、脑瘫、唐氏综合征等精智障碍的特殊人群改善生活，融入社会，实现自我价值，举手之劳就能获得参与公益的愉悦感。

受众参与"一元购画"后，会得到一张自动生成支持一键分享的图片，图片上有购画者的微信名和购买的画作，受众可以将图片分享至朋友圈，与熟悉的人进行互动。用户花费低廉的成本，就能够得到一幅独具特色的画和参与公益活动的满足感，还能显示自身良好的艺术品位和道德观念并获得亲友的价值认同。

购买"小朋友画廊"H5 的作品并分享,已经具有价值认同和示范作用,在朋友圈的分享和点赞行为,使基于强连接的熟人社交网络强化了这种共识。

这就让受众觉得自己得到了价值认同并且实现了人生价值。

4. 满足了受众对便捷的需求

近年来,新媒体传播强调"微"的概念,轻量化能让更多人愿意参与其中。"一元购画"属于"微公益":从微不足道的公益事情着手,强调积少成多。"微公益"最重要的特点是低参与成本,操作便捷。

参与的费力程度直接影响着传播和参与的效果。在"一元购画"中,受众在看到腾讯公益的活动页面,或者朋友圈中分享页面后,只要使用微信的识别二维码功能即可参与。进入页面后,动动手指滑动页面,选择喜欢的画作,用微信支付完成付款即可。在时间上,整个公益行为只要几分钟的时间,动一动手指完成全过程;在设备上,一台装有微信的智能手机已经成为大部分国民的标配;在资金上,1 元的低门槛设置让参与者没有负担。

5. 满足了受众的知情权

微信的"一元购画"活动让人产生信赖,这个项目给人的感觉很透明。打开页面后,大家可以看到每位小朋友的情况,然后捐助的善款也可以真正到达合规的公募机构平台。以前各大公益平台爆发的丑闻,让很多人产生了戒备心理,但这种透明化的形式反而让人产生了信赖。首先,腾讯在筹款 1500 万元项目满额后,即停止筹款,用户点进项目筹款页面中也会看到提示:该项目已筹满。这避免了用户在不知情的情况下继续捐款。再者,每年在官网上都有公开的信息年报,也会将分阶段的进展在腾讯公益上公示,相关信息也会推送给捐赠人。

方式一:可以通过项目页面直接查看。

方式二:打开微信,我—钱包—腾讯公益—个人中心—捐款记录—项目动态。

另外,如果捐赠者用户关注了"腾讯公益"微信服务号,也会收到善款执行明细情况的及时推送。这种透明化形式满足了受众的知情权。

6. 满足了受众的心理需求

(1) 在精神层次抓住受众的感情诉求点,唤醒用户情感与之产生共鸣。公益儿童元素触动人心,儿童故事特有的亲切性、正向性和传播性使其成为抢占人心的有效工具。讲故事被大量运用在传播和管理的各个方面,成为告知和说服的最佳工具之一。"精智障碍+小朋友画廊"富有感染力的议题本身较容易引起公众共鸣和情绪，进而激发人们的表达和分享欲。不管是"小朋友画廊"H5中对于画作的介绍、页面的配乐还是购买画作之后听到的语音，都能够激发人们对于精神障碍患者才华的赞叹，进而激发用户表达和分享的欲望。

（2）合适的表达方式。其实，公益类的图画传播一般是这样的：有一群人，生活如何困顿（很多照片）；我们准备做什么（送礼物或者捐钱）；捐钱或者分享到朋友圈。这也是一般慈善节目、广告的固定"套路"。

但腾讯这次全部围绕着画作。至于这些人的生活境遇多不容易，只字未提。相比以往的公益活动，"一元购画"没有消费苦难，反而更像是分享一件美好的事物。这些作品呈现的艺术天分和自强不息的精神，让每个看到的人都感动和惊讶，激发了人们内心深处对于爱和美的渴求。打动人心的，不是悲惨，是悲惨中的希望。比如，贫困中渴望的大眼睛，天灾里乐观的要喝可乐的孩子，患者自闭症/精神障碍仍然画出的漂亮画作。苦难会被同情，但苦难中的坚强和乐观会被尊重。我们会发现，人们的评论基本围绕着"画得好""乐观"这两个点。

所以，这个内容的核心，是画，选择油画，是因为油画最为浓烈，情感最饱满，形成的反差最大。这种反差，才是最打动人心的。

在信息爆炸的时代里，"情绪"是能够引起快速共鸣和快速传播的载体。调动起用户的情绪之后，这个"小朋友画廊"H5做得到位的地方在于即时给予了人们一个合适的表达方式，并适当提供个性化选择。分享页面上体现了捐助者的名字和助捐作品，让爱心可视化；但并没有过度强调助捐行为，而是强调触动人心的画作本身。这恰恰是情感表达与公益目的的最佳结合。

7. 满足了受众对分享的需求

捐助后的作品以壁纸形式提供下载，"可见可得"的作品成为刺激分享的另一来源。宾夕法尼亚大学沃顿商学院教授乔纳·伯杰（Jonah Berger）的研究表明，可视化的结果能够驱动人们相互分享。精神障碍者遇到的困难和他们完成的作品本身是一种反差，这种反差调动人们的同理心，而可保存的作品就成为调动情绪的开关。

但在此基础之上，将壁纸在朋友圈的分享又进一步满足了"镜中我"的需求，并起到了社会证明的作用。通过购买"一元购画"将壁纸发表在朋友圈中，可以让朋友圈的人提升对自己的认识。人们习惯于模仿大多数人的行为以证明自己不是社会中的异类。当朋友圈被画作"刷屏"的时候，购买画作并分享已经具有了这样的作用,再加上大家的点赞,进一步满足了人们被认可的需求。

其次,在分享的过程中不仅有单向的传输,还有双向的互动性。在整个极好的氛围下,用户在捐款后,能听见来自小朋友的感谢语音,增强了用户的愉悦黏性度。在帮助他人后,立马得到一种反馈感谢,使得用户感受到来自另一个世界小朋友的"爱"。当作品产出与用户实现良好的互动体验,才能打破原本屏幕与人之间存在的冰冷触感,让温暖人心的故事穿透屏幕。

(二) 与《奇幻星球号》H5 案例对比

在"小朋友画廊"H5 动画刷屏前,无障碍艺途还利用微信朋友圈发布了《奇幻星球号》的 H5 公益动画,虽然也是运用了无障碍艺途的活动形式,同样是"艺术表达生命"的理念,同样是纯粹而走心的画作,但是传播效果却远远比不过"小朋友画廊"H5。视频中首先映入眼帘的是充满着奇思妙想的别样风景。散了一地的稀疏落叶;似空中撒盐的纷纷白雪;天空、斑马,看起来毫无联系的万事万物都被包罗在这列小火车的途经地中。最后,一张车票缓缓飘出,这个《奇幻星球号》H5 的真正意图才得以揭晓——奇妙星球里的别样风景出自自闭症儿童的画作。他们被称为"来自星星的孩子",看似孤单,内心却丰富多彩。如果你也被他们的天马行空感动到,可以选择购买作品,即通过"以买代捐"的方式去帮助这些孩子。虽然视觉上的动态画作与创意上的乘车游览奇幻星球比"小朋友画廊"还要更精致,却未能得到病毒式扩散。

1. 动画时间较长

首先,打开《奇幻星球号》H5 动画后,会出现长达一两分钟的视频,这并不符合现代受众快节奏的心理诉求,受众没有耐心看完整段片子。但是"小朋友画廊"H5 主要以图片的滑动形式简单展现了作品,给受众节约了大量的时间。

2. 画面感难以抓住受众

视频虽然非常富有艺术视觉,但是真正懂艺术的现代人只占很小一部分,加上视频中整个画面主色为蓝色,给人一种冰冷的画面感,这样一来,难以抓住受众的喜好。

3. 缺少互动性

现代新媒体的双向性互动比单向性互动传播效果更为显著。但是在此活动中,互动性不强,只能转发朋友圈,并不会得到捐赠后的其他信息反馈。而在

"小朋友画廊" H5 捐赠后可以听到小朋友的感谢语音。

4. 主题不明确，内容繁杂

在进入《奇幻星球号》的 H5 视频后，映入眼帘的是一辆长长的火车，紧接着是各种不同的画面融合在一起的视频，偶尔会有一句话弹出在画面上，但是表达得太过含蓄婉转，在视频的结尾才弹出一张车票，车票上终于点出了要点，这是一群"自闭症儿童的手写画，我们想让这些孩子得到更多的社会关注、社会帮助"。当用户进入视频，视频前半段都未突出重点，只在视频结尾点出主题，很多用户往往在不明确主题时就退出了《奇幻星球号》H5 页面，因为不清楚企业所传达的内容或是想表达的情感是什么。这个《奇幻星球号》H5 是一个包含艺术视角的视频，在艺术人的角度看，也许会非常生动有趣，但站在用户视角，他们中的大多数是难以接受一个具有艺术感但内容较为繁杂的事物的。缺乏感染力，最终难以达到目的。

5. 缺少附加值

我们发现，"一元购画"公益在满足受众各方的需求后，还提供一个附加值：用户在购画成功后，将获得这幅画，点击长存，可以保存到手机相册中，然后用户可以将购买的画作作为一个手机屏保，增加了我们做公益的体验价值。所以，对这幅画无论用户是否认为它具有特别强的艺术气息，都会把它当作一个附加价值，从而提高对它的喜悦度。而《奇幻星球号》H5 缺少差异化卖点，在一个有着众多公益活动的时代，没有独特优势，难以吸引受众。

6. 支付操作麻烦

在《奇幻星球号》H5 的最后画面中，用户点击"建设星球"，再转入到支付商城，在商城中选择产品进行捐款，这种操作流程较为繁多，用户体验感会降低。相比于"一元购画"，点开"小朋友画廊" H5 页面，可以直接进行捐款，不再需要跳转到其他页面，减短了流程操作，用户对服务的获取将会更加便捷，产品也是采用了"用完即走"的产品理念。

五、对"小朋友画廊" H5 传播的不足的分析与总结

（1）该项目吸引人们关注的，都只是少数"小朋友"，或者说，有艺术天分的"小朋友"，而不是整个自闭症群体。

目前，我国的自闭症患者已经超过 1000 万，他们被称为"来自星星的孩子"。从"小朋友画廊" H5 和其反响来看，大多数人对这个群体都持同情态

度，但了解并不深入。他们大多认为自闭症是"不爱与人交流"，且相信上帝为自闭症患者关上一扇门的同时，就会打开一扇窗。实际上，自闭症指无法与人沟通且具有极端孤立特征的精神分裂症（布鲁勒，1908）。而且，不是所有的"小朋友"都有过人的天赋，绝大多数患者都是平凡而艰辛地走着一条荆棘之路。

（2）通过"小朋友画廊"H5吸引公众的关注只是第一步，向公众诚恳而客观地展示"小朋友"们的生活图景，才是防止"刻板印象"形成和真正推进群体生活改善的重要一步。增加后续报道和深度报道，增进公众的了解，才能让"一元"爱心的价值超越"一元"和"艺术"的限制，真正帮助到全部小朋友。

（3）在当前的公益环境下，越详尽的信息披露越有可能让公益活动走得更远，也越有利于我国公益事业的不断发展。但是，在当前的公益活动中，尤其是以互联网新媒体为发起平台的公益活动中，针对发起组织的介绍相对较少。同时，在"小朋友画廊"H5页面中并未介绍募集到的资金是送给智障儿童还是用于自闭症儿童的康复等，对募集资金的明细公布不够，对资金的用途介绍不详实，也会导致一些质疑的声音。

（4）画家起诉"一元购画"侵犯著作权。在"一元购画"公益活动里，有两幅32岁脑瘫患者曹×的作品。画家的母亲称从未授权给上海艺途公益基金会，并未得知该作品会发到朋友圈被当作公益作品。所以，公益方应该重视著作权，先做具体说明，得到同意后才可以利用。

"一元购画"的出现，是社会随着发展在互联网思维下的新产物。这种捐赠行为在某种程度上与微信文章阅读后的"赞赏"有些相似，看到自己特别喜欢的文章，用几元钱对作者表示赞赏。因为发自内心的认同而打赏作者，这不是一种施舍，而是互联网信息时代表达钦佩的形式。这样的形式移植到"一元购画"的公益活动中，用户会在潜意识里觉得自己是在表达一种对作品的认同，而不是表达一种怜悯。由此一来，公益就打破了墨守成规的募捐套路，顺应用户既有的阅读习惯和感情定式来开展公益，是技术上的进步，更是在伦理上对捐受双方的共同尊重。

本节参考文献：

[1] 陈姝. 你被"一元购画"刷屏了吗？[N]. 深圳商报，2017-08-30.

[2] 窦瑞刚. 腾讯公益慈善基金会:"互联网+"构造新的公益生态 [J]. 中国社会组织, 2017 (1).
[3] 郭枫. 浅析新媒体环境下的公益传播 [J]. 新闻爱好者, 2012 (23).
[4] 何勇. "一元购画"的喜与忧 [N]. 河南日报, 2017-08-29.
[5] 贺义荣. 新媒体环境下公益传播的策略分析——以微信朋友圈"小朋友画廊"传播为例 [J]. 传媒, 2017 (23).
[6] 李美玲. 微信公益传播现状与效果研究 [D]. 郑州:郑州大学, 2017.
[7] 王倩. 微信公益传播研究 [D]. 长沙:湖南师范大学, 2017.
[8] 徐苗苗. 微信公益传播中的受众行为研究 [D]. 成都:成都理工大学, 2017.
[9] 许阳阳. "一元购画":新媒体参与式传播范式初探 [J]. 今传媒, 2017 (10).
[10] 郑莉娜. "一元购画":认可比同情更有力量 [N]. 杭州日报, 2017-09-01.
[11] 周馨瑜. 微信平台的公益传播特征——以微信公众号"腾讯公益"为例 [J]. 新闻前哨, 2017 (4).

第六节　海珠区君诺未成年人保护公益服务组织传播案例分析

一、未成年人公益诉求与君诺未成年人保护公益服务中心

(一) 未成年人公益诉求

未成年人作为一个特殊群体，他们是祖国的未来、民族的希望，未成年人权益的受保护程度决定着未成年人身心的健康。保护未成年人健康成长是国家和社会义不容辞的责任。近年来，我国虽然在未成年人保护和预防青少年犯罪方面出台了许多法律法规，加强了对未成年人保护的力度与范围，但全国各地伤害未成年人的事件仍时有发生，如家庭暴力、虐待儿童、使用童工、拐卖儿童、性侵女童等，引起了社会的高度关注，凸显了未成年人安全保护方面存在的问题。

（二）君诺未成年人保护公益服务中心的简介

君诺未成年人保护公益服务中心（以下简称"君诺"）是在广州市海珠区民政局登记主管的民办非企业单位，是一个非营利的公益机构。君诺通过学习、交流、知识的管理以及跟进个案，提炼经验并研发关于未成年人保护的课程，到目前为止已对8000多名包括律师、社工、教育工作者在内的专业人士进行培训。"护助童行项目""严重侵害未成年人权益案件救助项目"分别在2014年、2015年广州市青少年服务创意大赛上获奖，通过项目把保护未成年人合法权益落到实处。2015年，君诺参与协助广州市未成年人保护委员会制定《广州市严重侵害未成年人权益案件流程与机制》及相关配套文件。

目前，已开展项目包括"番禺禺山青年讲坛之未成年人权益保护"、"番禺区东环街反校园欺凌"系列讲座、"番禺区'法治童行 我是守法小公民'反校园欺凌"系列公益项目、"法现生活——生活情景普法公益项目"等。

二、公益传播的主体构成——四维框架

四维框架研究定义了政府、市场、公众、媒体四大公益传播的核心主体。在整个公益传播过程中，四大主体分别依据自身的特点和需求，从社会公益管理、市场公益营销、媒体公益责任以及民间的公益参与等方面，发挥着各自的传播作用，并体现了四大主体之间的相互依存关系。

四维框架结构研究简略地分析了各传播主体的传播动机，在分述这些动机的同时，更是着力强调了"在这个结构中，各传播主体有各自不同的多向度的利益需求……在这些利益需求中，各传播主体分别各有一种利益趋势，以促进主体进行公益传播动机的形成"，即政府的"公共问题解决"、企业公益营销的"公益责任"（企业社会责任）、媒体公益传播的"公益责任"（媒体公益责任）及社会公众的"主动公共话语表达"。

作为重中之重，四维框架结构研究引入了公益机构的概念，并将其作为所有四大主体的共同利益趋向，肩负着"资源整合、公益协调以及公益传播执行"的重任。但在四维框架研究中，作者只将其作为"中介协调机构"提及。该结构除了公益传播的四大主体，还引入了"公益机构"这一在我国公益传播中发展尚不充分的协调组织机构。我国的公益机构大部分属于政府管理的准事业机构，机构成员由企业、媒体等多方面力量混合而成。

三、海珠区君诺未成年人保护公益服务中心传播策略分析

（一）外在传播

根据公益传播的四维框架，公益传播的外在传播的主体分别为政府、企业、媒体与民众。他们共同地为公益组织对外传播发挥影响力。下文以此四维框架为模型，分析君诺的外在传播的策略现状。

（1）政府。在提供未成年人权利保护服务、理顺社会管理的角度上，政府与君诺存在共赢的共同利益。君诺通过注册和登记管理取得政治合法性，同时也通过与教育部门、市政管理部门的合作，获得公益理念传播的更多资源与渠道。从"番禺禺山青年讲坛之未成年人权益保护"到"法治童行"活动，君诺在2016年至2018年开展了六大项目，所有的项目均与团委、教育部门有所合作，使包括预防校园暴力在内的未成年人权益保护的思想、理念和方法广为传播，直接受益人数超过3万。另外，君诺与作为事业单位的学校达成合作关系，与学校老师、德育主任、校长等建立联系，向他们发布未成年人相关知识以及项目课程介绍。

（2）企业。在与其他行业互助的方向上，君诺则为广州律师协会提供社区人群的公信力营销、具体的未成年人保护的服务，广州律师协会为君诺提供人员、法律知识乃至培训等管理手段的帮助。君诺与广州律师行业形成了企业社会责任与公益组织之间的"寻助、互助"的合作关系，也就形成了两者之间的战略型的公益互动模式。因此，在君诺的公益传播上，广州律师行业起到了重要作用。在与其他公益组织的联系上，君诺不定时地举办一些培训课程、沙龙等，通过这种形式使公益组织同行帮助宣传。在君诺创办早期，理事长郑子殷律师曾对很多社工、老师进行培训，每次都会对君诺进行宣传。这是与其他公益组织进行资源交换的过程，也是对君诺的公益理念进行传播推广的过程。

（3）媒体。在与媒体合作上，君诺没有固定的媒体通信联络人，基本没有与主流媒体的对接。在与主流媒体的互助上，主要以机构理事长郑子殷个人为中心，包括在访谈中提及君诺，以及帮忙邀请媒体的宣传。

（4）民众。在模型中，公共群体成为公益组织主导的传播行为的核心。从2015年负责办理未成年人案件到2017年、2018年开展宣讲活动，君诺直

接面向广州市几万名未成年学生进行传播，使自身的公益理念向最直接的受益人群传播。同时，君诺建立微信公众号"君诺 kingpromise"，为家长、教师以及更多的民众群体提供未成年人保护的相关资料与宣讲活动的信息。公众号总阅读量超过 5 万，关注量超过 3000 人，每篇平均阅读数为 300～400 次，推送频率为平均每月 10 条。

可见，政府与行业是君诺的外在公益传播主要主体。尤其在政府层面上，君诺与政府达成了深度合作的关系。在企业层面上，君诺也与律师行业有较密切的合作关系。这体现了君诺主要通过办活动等实干方式来建立组织口碑，传播公益理念。

（二）内在传播

君诺于 2015 年 10 月成立，在 2016 年主要进行未成年人案件办理以及配合有关部门编写制定一些未成年人保护相关文件，2017 年才开始开展相关宣讲活动。君诺一开始只有 1 名专职人员，2017 年年底至 2018 年 5 月有 2 名工作人员，承担了机构所有运营工作，包括课程对接、项目开展、行政、宣传等。在 2019 年 6 月，君诺中心的工作人员增至 4 名。从成立之初至今，君诺中心人员是始终十分紧缺的，且暂时没有过明确的工作分工。另外，在公益传播上，君诺中心也至今没有制订完整的模式、模板。

四、对海珠区君诺未成年人保护公益服务中心传播的不足的分析

（1）目前，君诺基本没有与主流媒体对接，且以理事长郑子殷个人为中心的媒体联系方式使君诺失去传统媒体的传播舞台，如若不加以改善，君诺将在公益理念与品牌的进一步推广上进入瓶颈，这也将对君诺的更多对外合作与宣讲活动造成阻碍。

（2）君诺直接通过宣讲活动，面向自己的受众群体，固然能提高自身的传播度，但也因为对新媒体的使用率不高，对微信公众号平台的使用程度不高，所以微信公众号在发布频率较高的情况下，阅读量与后台用户数仍然不够理想。

（3）君诺内部工作人员紧缺，分工不明确，且对于对外传播不够重视而导致组织的对外品牌推广度与自身实力及实干措施不匹配。尤其是现阶段君诺

把工作重心放在公益理念的输出上，却没有制定相关措施应对自身的公益传播的短板的问题，导致其社会服务工作的影响力大大削弱。

五、建议与总结

针对君诺目前在传播中出现的问题，提出以下的策略优化的方向。

（1）和传统报刊、电视、广播这类大众媒体相比，社交媒体为民间公益组织提供了广阔的话语空间，各级微博账号主体、公众号小编、自媒体人、舆论领袖"大V"们可以利用新媒体技术，在一个低话语边界、低传播成本、高传播影响力的互动式、去中心化的传播领域内，设置公共议题、公开讨论公共事务。君诺需要在媒体传播实践中建构一套独特的话语结构，将诉诸情感的同理心表达和"去激进化"的政治诉求相结合，动员公众并形成舆论传播力，最终组织传播目标服务。

（2）以微信公众号为话题轴心，以顾问和地方各级分支志愿者个人微博为线上组织传播环形阵地，建立一套去中心化的传播体系。当传统媒体对"未成年人保护"议题的关注度有限时，社交媒体基因中纵深并存的媒介资源为民间公益组织的话语建构提供了充足的空间和资源，同时，组织传播、群体传播、跨群传播等互动方式有效地提高组织话语在传媒公共领域的能见度；线上线下公开和信息监督环节遵循公开透明的运作规则，潜移默化地令民间公益组织的行动力和公信力深入人心。此外，充分利用微博生态闭环，在微博超级话题、微博热点行动、媒体相关话题的策划中互动，用转发和分享的力量增强传播力。在第三方支平台上与腾讯公益、微博微公益、支付宝爱心捐赠等多渠道设立捐赠入口，以社交关系拉动公益行为泛化，将日行一善的观念普及至公民。

（3）明星公众人物传播，影响力大，覆盖面广，基于弱关系、娱乐话题广场粉丝经济带动的微博生态，借助明星大量的粉丝基础和强大的影响力，这使公益项目得以推进，公益观念深入人心。传播学中的二级传播理论提出了"意见领袖"的概念，公共领域中所谓的一致意见，很大程度上是由意见领袖提出和引领的，公众由于思想上的惰性和行为上的盲从性，观念很大程度上受到意见领袖的影响，往往是独立、内省、批判性的代表。在以广场性弱关系和明星公众人物话题讨论为联系纽带的社交媒体——新浪微博中，发动基金会创始人、资深律师郑子殷意见领袖的核心力量，因为他强烈的社会责任感和在新闻传播领域多年积攒的媒介资源，能够动员一大批拥有传播技巧和传播资源的媒介从业者同行加入"未成年人保护"议题的传播中。同时，联动在公益界与基金会行动目标一致的公众人物，形象正面、影响力大、粉丝基础广并且拥有一定媒介话语权的明星人物，在和他们的互动中扩大传播影响力。

（4）突出议题设置和报道框架的感染力，建构媒介话语。在新增设的官网和官方微博上，与"微公益"（微博公益领域垂直服务账号）、"中国公益指数"（公益数据服务账号）进行互动，运用一种"命运共同体"的共同责任论的叙事框架，把被侵害的未成年人及其家庭定义为"我们受苦难的兄弟姐妹"，由此把未成年人保护议题的话题道德化为一种对人性基本良知进行拷问的试金石。以共感置换的方式，让屏幕前的读者在体验中，与仍活在阴影里的被侵害群体感同身受，产生同理心。通过人性化的叙事和共同责任话语框架，表达对未成年人保护所表征的人权保护不足的现状的不满。

（5）在信息传播速度快、范围广、影响力大的网络虚拟空间，植根于社交媒体中的"互动"基因，建立多方联动交流的传播体系，调动普通网民、知名网络自媒体、官方媒体、新媒体账号的积极性，在和他们持续的良好互动中，激发参与者的认同感，从社会道义、人性良知、社会监督与批判层面的共识中形成一股舆论合力，将未成年人保护等社会公共事务议题纳入地方政治讨论的议程，从而实现自身最终的传播目标——推动地方政策出台与立法，专项救助广州被侵害群体，预防和最终基本消灭未成年人侵害。

（6）作为民间非政府公益组织，君诺创始之初就意在我国合法政治边界内，在新媒体技术和传播策略的建构中，尝试温和的政治表达，使"救助和预防未成年人侵害"的议程循序渐进地被官方媒体和大众媒体采纳，进而得到中央和地方各级政府的认同与信任，推动政府在相关领域放权，使教育和救助体系得到整改。

（7）民间公益组织与有公益诉求的企业在"共赢"的基础上整合传播，公益组织可以帮助企业提高口碑、提高目标用户转化率。对于参与企业，企业在为公益组织提供物料、资金等支持的过程中，企业一方面可以提高慈善活动参与度、承担社会责任，并凭借差异化竞争手段改善企业潜在的负面形象，在市场上树立正面且负责任的形象；另一方面，企业在公益项目上的长期投入可以与自己的产品和服务更加契合，形成了在这一方向的竞争优势，尤其是将关心和参与相关公益话题的人群直接转化为消费者，实现公益话题和KOL（关键意见领袖）战略的双赢传播效果。

本节参考文献：

[1] 曹维. 从"公益传播四维框架"到以公益组织为传播主体的公益传播模式 [J]. 上海交通大学学报（哲学社会科学版），2015，23（1）：109–116.

[2] 李涛，王桂云. 柯亨和阿拉托市民社会理论研究 [J]. 前沿，2012（20）：40–42.

[3] 王炎龙，李京丽，刘晶. 公益传播四维框架的构建和阐释 [J]. 新闻界，2009（4）：18–20.

[4] 王炎龙. 我国媒体公益传播研究分析 [J]. 新闻界，2009（3）：51–53.

[5] 汪海洋. 关于未成年人权益保护状况的研究报告 [J]. 商，2015（5）：200.

[6] 闫晓彤. 新媒体时代公益传播的问题与对策 [J]. 青年记者，2013（6）：33–34.

[7] 周乾宪. 公益组织对社群媒体的利用及传播策略——基于对13家全国公益基金会新浪微博主页的内容分析 [J]. 新闻爱好者，2012（17）：85–87.

[8] 钟智锦，李艳红. 新媒体与NGO：公益传播中的数字鸿沟现象研究 [J]. 思想战线，2011，37（6）：112–117.

第三章　环境保护领域的公益传播案例

第一节　中国导盲犬南方示范基地公益传播案例探析

导盲犬公益事业起源于西方，在我国刚刚起步，尚在探索阶段。中国导盲犬南方示范基地自2016年6月成立以来，在传播策略上在不断调整，但由于中国社会公益环境、相关扶持、管理政策不完善，作为草根公益也存在不完善的运作模式等，因此效果不佳。本节旨在通过对中国导盲犬南方示范基地公益传播案例分析，并结合其他公益传播的案例，对导盲犬公益事业，特别是针对中国导盲犬南方示范基地，提出在公益传播方面的建议。

一、导盲犬概述

导盲犬是经过严格训练的能为视障人士提供导向服务的狗。可以说，导盲犬的工作就是充当视力障碍人士的眼睛。导盲犬在工作时身上佩戴特制的鞍具，以便主人牵领；与主人行走时，紧贴在主人的左边，决不远离主人。

导盲犬能提供引路、躲避障碍和危险的服务。另外，与导盲犬一起生活，有助于增进视力障碍人士与外界的情感交流，改善视力障碍人士自我封闭的心态，形成积极向上的生活态度；同时更多更远的出行又非常有利于视力障碍人士自身的身体健康。导盲犬还能使盲人减少无助感、无能力感，获取生活的信心和勇气，获得快乐幸福的体验，有利于他们更加自信、更加积极地融入社会生活。

导盲犬能够帮助视障人士实现独立生活，与健康人共同参与社会活动，提高视障人士的生活质量。海外的导盲犬事业起步相对较早，导盲犬作为工作犬的一种，在英国迄今约有 75 年的使用历史，在美国也有 50 年左右。而我国大陆地区首家导盲犬培训基地——中国导盲犬大连培训基地于 2004 年成立。

二、中国导盲犬南方示范基地

中国导盲犬南方示范基地（以下简称"基地"）是在中国盲人协会与省市各级残联及盲人协会的倡导下，由广州市丰豪实业发展有限公司进行了第一期的全资捐助，在广州市海珠区丫髻沙岛正式成立的。2015 年 10 月在广州市发展和改革委员会备案立项。（2017 年 4 月 27 日，华南农业大学正式授予基地为科技成果转化示范基地，并与其签订产学研合作协议，从动物科学、兽医管理和公共管理的专业领域达成校企共建导盲犬公益，建立导盲犬血统 DNA 鉴定和精子库，使导盲犬的医疗和对使用者的服务与管理形成专业化的标准。）从而将通过考核的导盲犬无偿赠予视障人士。

（一）中国导盲犬南方示范基地传播渠道分析

中国导盲犬南方示范基地的传播渠道主要有两类。

第一类是主要使用的，通过传统媒体、传统媒体的网络化平台两种渠道进行宣传。具体有中央电视台科教频道、广州电视台、南方电视台及《羊城晚报》《广州日报》等，均为首先在传统媒体中的报纸、电视台刊载新闻、播出节目，同时"照搬"到这些传统媒体的网络化平台上。

第二类是基地自有的网络平台账号："两微一官网"。以更新频率排列依次是志愿者微信群（不定期或随时更新）、微信公众号（隔天推送一次）、微博（3～5 天更新一次）、官方网站（与传统媒体报道同步），构成了基地的具有自我话语权的网络宣传布局。

在传统媒体上的宣传内容分为三类。

第一类是基地的大事件，占 70%，比如基地建成、第一批导盲犬幼犬出生、第一批预备导盲犬通过国内国际考核而正式成为合格导盲犬，以及基地第一批合格导盲犬中的一只作为广州市第一只本土导盲犬服务于广州市一位视障人士。

第二类是由基地的媒体公关部及训导部的工作人员和导盲犬作为主要角色，讲解导盲犬相关科普知识，包括导盲犬的训练过程和考核标准，遇到工作中的导盲犬应该遵循"三不一问"原则和导盲犬的无攻击性、高度纪律性和良好的卫生习惯等。

第三类比重最小，是基地的近期活动和寻求资金支持。

微信公众号（广州市赛北斗服务发展中心）更新频率是一周三次，一次两三篇文章。内容上，主推为基地自身的活动和近况等的预告和报告，或基地组织材料写成的导盲犬相关科普文章。副推为从其他公众号或者微博转载的有关人犬之间温情故事的文章。公众号粉丝数为3128人（截至2018年6月1日），大多来自线下活动扫码关注。

微信公众号推送阅读量堪忧：在2018年1月到4月这段时间内，阅读量达到了最高，平均为400次，转发量约为50次，朋友圈端口打开的次数最多，占80%左右。公众号与基地一同初创时，粉丝以基地的工作人员及其初级社交圈和志愿者为主，更新频率低，不固定，且内容主要为转发传统媒体对基地的报道和转发关于狗的故事。

在2018年1月，基地意识到自我话语权的重要性，开始着力打造公众号的形象。于是，公众号做了如下调整：更新频率上，一周固定在周二、周五、周日的中午12：00更新；内容上，原创内容量占比增加到80%，包括活动预告及回顾、近况报告、导盲犬与盲障使用者共同训练的报告及宣传、捐赠榜等；新增粉丝中，从关注的渠道和时间点来看，被内容吸引来的比例也有较大上升。阅读量和互动率上，转发、留言也有客观的增加，从零回复到平均7~9条回复，阅读量从两位数到平均400次，甚至特殊事件达到2000次，一篇以真实案例为根据，从导盲犬的角度，描述导盲犬在实际工作中，与其主人一起遭遇的歧视、拒绝和来自人的攻击的文章，得到了这个高阅读量、高互动量——21条字数超过15字的内容型回复和最高转发量。这篇文章在风格上是温情轻松的，以"小毛孩"代指导盲犬，以"朋友"称呼志愿者、盲障人士，必要时使用了亲昵的语气助词，以及讲故事的叙事技巧，目的是让带有说教和劝服的宣传内容更容易被接受，培养长期关注并支持的"铁粉"。

然而，以基地在2018年4月25日举办的广州市首届国际导盲犬节暨出行无障碍活动启动仪式（以下简称"文化节"）为转折点，在这个事件的进行期间，"涨粉"多且快，但在其结束后，新增关注量则进入了停滞状态。

文化节是基地自主组织、创办的第一次大型活动，主题是宣传导盲犬科普知识、讲述盲障人士与导盲犬的感情，最终鼓励市民接受导盲犬、关心残疾人群。这次活动提前一周在微信公众号和微博预热，每天中午12：00以不同形式逐步发布活动预告，鼓励粉丝转发宣传和参加。

活动当天，有政商两界的代表受邀参加，也有各大传统媒体到现场进行报道，包括《南方都市报》《羊城晚报》《广州日报》等，自发而来的观众人数约 300 人次，大多数为基地的"旧相识"，比如志愿者、爱狗人士等。

此次活动结束后，基地的秘书长和媒体公关部主任急切希望通过公众号推送募集更多捐款，并要求将公众号的风格向严肃转变，内容偏向严峻的社会现实，以期得到更多的帮助。此后，微信公众号粉丝阅读量和参与度骤降，平均每篇推文的阅读量为 50～70 次，平均评论量为 1～2 条。

（二）中国导盲犬南方示范基地传播的困境与不足

1. 组织成员多元化程度低

基地组织成员在多元化上有一定的限制，受创始人的个人影响大，缺乏对网络 2.0 时代的适应和有效运用。基地是由广州市某房地产公司董事长出于个人对犬类的喜爱和对盲障人群的关怀而创立的，缺乏经验和系统、整体和长远的计划，其媒体公关的思维也不太成熟。作为出生于 20 世纪 60 年代、在传统媒体的巨大影响和光环之下生活的一代人，在宣传方面因思维惯性而主要依赖于传统媒体，在人员少、决策层年龄在 40 岁以上、互联网思维较弱、思想容易统一的内部组织中影响大，容易达成一致意见。而对于处在互联网 2.0 时代的今天来说，其宣传人群主要为仍然通过看电视接收信息中老年群体。即使在传统媒体的网络传播平台上发布消息，由于传统媒体自身与网络 2.0 的融合较为表面和形式化，只是将内容照搬上网络，传播效果较弱，其话语权和影响力已经有所折损。此外，由于大众传播在说服方面作用并不突出，而要让市民接受并支持导盲犬公益，在公益事业仍处在萌芽期的中国社会，仅宣传和告知的效果是微乎其微的。再加上老年群体整体上对新事物的接受度较低，效果更是大打折扣。所以，在导盲犬出行中，仍因为市民对其误解而频繁发生的冲突。

2. 适合网络 2.0 和年轻一代的传播策略缺失

对发表富有人情味的风格的推文的尝试也在 4 个月之后停止，之后骤然转向严肃风格。诚然，管理层对 4 个月以来微博、微信的运营风格过于"萌"的判断是正确的，但组织内部缺乏沟通，使转变突兀，不完善的运作模式下人员流动较大，新的管理层的看法可能与上一任差异较大，造成了策略的中断和明显而突然的改变，不利于一个稳定、成熟的公益品牌的建立和维护——这是中国公益事业组织普遍面临的"高端人才缺失、专业人才缺失"的问题。很多公益组织提供的执业环境并不优越，但对人才的要求依然很高，比如，要有契合的价值观和理念、相应的知识和能力，还要肯踏实实干。目前的就业观念和社会大环境都限制了相应人才的培养和流入。待遇低、工作强度大、发展空间狭小是目前从业人员流失的主要原因。资源的瓶颈造成人才缺乏，人才缺乏又使得行业获取资源的能力更弱。如何改善公益事业人才缺乏的现状，是目前摆在公益事业发展道路上的一个重要问题。

3. 不完善的运作模式

基地是由创始人兼理事长以名下房地产公司的名义出资，依靠人际关系建立起管理层，甚至在政府与残疾人联合会方面，也是凭理事长个人的人脉资源，才使得相关手续的办理能够提上日程。这让基地的运作和对外传播，都有一种人脉的基因。另外，对公益组织来说最敏感也最主要的话题——资金，于基地也是一大问题。基地并未得到政府任何形式的拨款，也没能吸引慈善基金会的注意，从社会募集而来的资金杯水车薪，单笔数额大于5000元的捐款主要来自私营企业，并以其产品参与导盲犬活动进行共同曝光和宣传为条件。另外是500元以下的小额捐款，来自线下活动的市民捐款。所以，基地主要的资金来源仍是理事长所有的公司。近年来，基地的开销约400万元，资金的大头用于导盲犬的犬粮购买、日常养护、员工工资、食堂采购和活动支出。这就造成基地时常陷入捉襟见肘的经济状况，无力聘请专门的"两微一官网"编辑，媒体公关部的成员也没有精力持续跟进传播，于是用低薪聘请大学生兼职。而这份既没有门槛又缺少提升空间的工作几乎无法稳定交予某人，连同管理层频繁的人员流动，使得传播策略的延续性被打破，"爆款"传播所需要的多方协作、资源投入和资金支持也十分缺乏，所以，基地的传播一直在传统媒体、志愿者及其初级群体的小范围内打转。这种对理事长个人过度依赖的运作模式，影响了公益组织管理决策的科学性和独立性。

4. 社会根源问题

中国的公益事业尚在萌芽期，公益事业所在的权力场较之国外更为复杂的国家——有学者指出，在宏观层面上，不论是伦理本位还是差序格局都承认中国人的慈爱行为（包括仁义之举或曰慈爱行为）会根据行为所针对的对象而有差等。在这种强调关系的特殊主义的伦理和社会结构中，普遍主义的慈善公益缺乏本土的伦理及结构基础（卓高生，2012）。

而导盲犬这个公益事业的分类起源于"二战"后的德国，此后也主要在西方高福利国家发展。由于西方社会在慈善文化由传统的仁爱观、伦理观向现代以责任意识、人权意识等为特征的现代公益文明转换过程中，社会正义理论（关注最少受惠者利益的理论与公益精神）、社群主义（共同的善与公益精神）、女性主义（关怀伦理与公益精神）、生态主义（基层民主与公益精神）等理论对现代西方公益事业发展和公益精神的现代转型有着直接影响，并使现代公益观在观念形态、组织层面、行动主体等方面区别于传统慈善，树立和培养了基于责任的公民利他自觉的公益精神，因此，整个社会公益意识和意愿较强、公益氛围浓厚。

从发展历史来看，导盲犬公益事业在西方国家已经有近70年的历史，在这个过程中，整个社会对导盲犬事业的了解和接受程度也在不断加深。相关政府机构在不断思考和实践中，使公众更好地接受导盲犬的方式。例如，英国导盲犬基地向公众开放，欢迎公众以志愿者的身份来了解导盲犬。这个做法在早期缓解了公众对导盲犬的抵触，提升了社会对导盲犬的接受程度。同时，相关政府机构也在完善法规和细则，这样就形成了良好的互动。所以，整个社会公益意识和意愿较强、公益氛围浓厚。

对导盲犬公益事业而言，其受惠对象是视障人士，处于比较边缘的地位，社会成员对其了解少，很少能唤起同情与援助、支持。目前中国的社会公益环境，还不足以支持导盲犬事业蓬勃发展。

5. 管理体制问题

根据《中国慈善发展报告（2018）》，从目前来看，管理体制方向还有两个难题急需解决。一是厘清政社界限，在慈善领域合理配置国家权力、社会权力和个人权利。在党的领导下，激发每个组织和公民的潜力。二是被认为是《中华人民共和国慈善法》最重要的配套制度的"社会组织三大条例"在2017年并未形成。蓝皮书指出，2017年，"社会组织三大条例"虽然被列入国务院立法工作计划"全面深化改革急需的项目"，但整年并没有进展，也没有进行进一步的征求意见等程序。2018年3月，国务院办公厅印发《国务院2018年立法工作计划》，"社会组织三大条例"变成了"社会组织登记管理条例"（民政部起草）。在实践层面，更是问题重重。

在其他国家和地区，政府对导盲犬公益事业的干预明显、明确。比如，澳大利亚导盲犬协会完全是一个无政府组织，他们的经费大部分来源于社会爱心人士的捐款。但是，澳大利亚税务局有一个政策——所有的捐款人或者公司捐出去的钱都能够抵减税收。澳大利亚的个人所得税税率非常高，尤其是对高收入人群，所以这项政策鼓励了很多人为慈善捐款。在日本，导盲犬经费一般是政府、企业和个人捐助各占 1/3。韩国导盲犬基地据称由三星集团承担大部分经费和组织工作。在我国台湾，台湾商业银行会在客户刷卡消费时，从支付手续费的环节拿出一部分资金捐赠给导盲犬。在美国，导盲犬的培训机构都以非营利慈善事业的性质来核准登记，政府会在税收上对这样的组织给予适当优惠，但机构在财务上则要完全依靠民间的捐赠，没有任何政府补助。

在我国的大连导盲犬培训基地，近几年来每年需要资金约 255 万元，过去一直依靠慈善捐款和王靖宇教授的个人出资，基地的维持一度出现危机。从 2010 年开始，大连市政府决定每条导盲犬"毕业"，财政将予以一半费用的补贴。以一条导盲犬训练费用 12 万元计算，政府补贴 6 万元。

因此，以上因素都使基地陷入了缺乏资金—缺乏传播资源—宣传、说服两方面效果均比较弱—缺乏资金的恶性循环。

三、建议与总结

那么，在如此艰难的生存状况下，基地是如何坚持两年的，并且最大限度地开发传播资源？是凭借着认同感和满足感。对组织内部工作人员而言，近距离接触导盲犬的盲障申领者，深刻感受到导盲犬对于他们的特殊意义与不可替代性——比起科技助盲产品更有温度和灵性，更重要的是陪伴和随之而来的安全感和自尊。以基地的产能，每年最多能有 6 只合格导盲犬上岗，而截至 2018 年 4 月，基地共收到广东省内外 4000 份申领书。这让基地的工作人员和志愿者对自己工作的价值有高度的认同感，在使用者的生活因为导盲犬而得到显著的积极改变时，满足感也在加强。这都提升了工作人员和志愿者参与传播的忠诚度和积极性。

这样的认同感与满足感，可以作为传播的起点和引导帮助行为的出发点。

（一）从根本上，需要公益事业大环境的改善和社会公益氛围的建立

首先，关于公益慈善组织的政府管理建议：第一，对社会管理方面，应当加强监督并鼓励社会监督。第二，对公益慈善组织管理方面，应依法加强管理，建立健全统一登记、各司其职、协调配合、分级负责、依法监管的中国特色社会组织管理体制。第三，对行业管理方面，应当合理定位，处理好政府与市场的关系，并综合施策、绩效导向、合理监管。第四，对从事者方面，要落

实职责，以政府行政命令的方式，有效解决贪污腐败的现象。

具体到导盲犬公益事业，需要政府出台保障视障人士携导盲犬出入公共场合权利的法规，以及导盲犬行业的规范管理制度和考核制度，使社会成员看到政府的关注和诚意，提高其对导盲犬事业的认同感、信任度和支持度。

其次，关于公益慈善组织内部改革建议：第一，加强行业自律，建立各种类型的行业组织联盟，促进行业监督、自我管理和互帮互助，提升行业竞争力。第二，完善治理结构和运作机制，规范人事结构、监督机构，提高组织公信力。第三，引进专业人才，规范薪资福利，合理利用人才，增强各层次各项目的有效管理。第四，应用新技术和新媒体，学会建立与媒体的沟通和互动机制，促进公益事业朝着有利于社会和谐和公民社会组织的方向共同发展。第五，应用新技术和新媒体，学会建立与媒体的沟通和互动机制，促进公益事业朝着有利于社会和谐和公民社会组织的共同发展。

公益组织"抱团取暖"的时代已经到来，单打独斗难成气候。在公益组织联合、协作的传播下，才能扩大公众对公益组织的认识和了解，以形成公益事业发展的良好氛围。

（二）运用互联网技术和思维

在大环境中，对公益组织本身而言，迫切需要运用互联网技术，塑造良好的形象、最大化宣传效果。

1. 将导盲犬基地运作模式专业化

最明显的表现就是具有高识别度且易于传播的筹款项目。从目前来看，大部分导盲犬基地由于资金的缺乏而采用较传统的筹款方式，同时筹款的运作方式稍显业余。在不同的平台上虽然有适应于该平台的筹款方式（"两微一官网"），但是却没有一个统一的项目促使这三个平台之间交叉传播。同时，由于缺乏高识别度的筹款项目，二次传播的效率有可能大大下降。将导盲犬基地运作模式规范化、专业化是在新媒体时代下公益环境的必经之路。

2. 及时更新媒体形象

新媒体时代的公益环境特征：由行政公益转向全民公益，由定向募捐转向大众募捐。

因此，调整自身的媒体形象以适应新媒体时代的公益环境是不可或缺的。

面对不同的媒体平台，即传统媒体和新媒体，要根据不同特征来展现导盲犬基地不同的媒体形象。公益组织的网站、微信公众号等内容质量、更新速度参差不齐，而这正好是公众了解公益组织最便捷的方式。所以，各个公益组织需要摸索出适合自己的、易于传播与参与的宣传话语。如今，传统媒体较为严肃的传播风格不再适用于新媒体时代下的公益环境。新媒体时代下的公益环境更多的是需要获得大众的认同感，需要让参与公益活动的个人得到成就感，这也就意味着导盲犬基地媒体形象在新媒体平台要更加"接地气"。

对于导盲犬公益组织而言，可以抓住狗的特点，即忠诚、通人性，并将组织内部的认同感、满足感糅合其中，针对面向的不同群体，用该群体易于接受的表达方式进行告知、说服，同时利用网络2.0的媒介特性，创作出如H5、短视频等符合碎片化阅读传播特性的作品。

（三）采用多元化的合作方式

与相关的产业进行双向宣传与合作。在4月，基地与某狗粮品牌合作，以H5形式发布活动——"你点赞，我捐粮"：网友点进H5链接，在相关页面"点赞"，该公司即向基地捐赠一份狗粮。但活动的传播效果一般，仅有1000多名网民参加，究其原因，主要是扩散的平台少、缺乏联动及平台的页面视觉不够精美。扩散的平台以基地的微信公众号、微博和工作人员的社交媒体账号为主，而该公司的微博、微信公众号和网店均无有关信息，缺乏联动和协作，原本是双赢的宣传活动，效果却不佳。平台的页面制作比较粗糙，图片均为直接使用，未做统一风格等处理，而且吸引力和新颖度低。

在单个筹款项目的策略上，学习、参考其他公益品牌传播的成功案例。以"一元购画为自闭症儿童捐款"为例，该项目在单项筹款方面，为导盲犬公益组织的筹款提供了可以参考的策略和典范。利用腾讯公益平台和微信，与微信"朋友圈"传播时的受众特征结合，使得项目得到很好的传播效果。

"一元购画"的成功之处在于拥有较高的公信力和传播性。公信力的来源有两方面：一是来自受众对腾讯的信任。作为国内最大的互联网公司之一，腾讯本身已经具有一定的公信力和品牌号召力。二是来自活动本身的透明度。受众能够非常清晰地看到每个受助者的详细信息，甚至可以听到受助者的感谢，受众还可以选择自己喜欢的画作并分享到朋友圈。同时，腾讯公益平台将该项目的捐款明细和使用情况予以公开，较高的透明度提升了受众对"一元购画"项目的信任度。传播性的来源是微信用户之间的强联结关系，微信的好友大多是现实社会中的熟人，具有一定的信任基础。在此基础上，"一元购画"的传播具有较强的联结性和信任感。同时，受众会在展示自我形象的"朋友圈"

中分享自己选择的画作,与周围的朋友进行比较和讨论,并相互影响,从而使得"一元购画"的传播性变得非常高。

其中,在网络上进行传播的公益项目必须注意公众的信任度。网络信息具有较强的不对称性和匿名性,因此,公众对网络传播的信任度会直接影响到公益项目的传播效果,提升公众的信任度是根本之策。但同时,基于互联网平台的公益组织或项目相比于传统公益组织更扁平、更透明、更具接近性,公众的参与度和信任度也有一定的保证。公益项目的特性越接近现实社会越容易在"朋友圈"中产生联结效果,受众参与公益项目的热情度也会越高。对于导盲犬公益事业而言,提升公益项目的公信力和传播力,必须注意信息透明度、受众信任度、提升社交媒体的联结效果。

(四) 在传播主体内部组织上,增加灵活性

资金不足—传播投入少—传播效果差—资金不足的恶性循环该如何破解?需要发动志愿者的力量。在基地的志愿者群体中,有较高的学历、较多的社会资源和充分的表达能力的志愿者数量可观,更重要的是,志愿者对导盲犬充满爱心,对导盲犬公益事业支持度高,并有"忠实粉丝"向基地的微信公众号投稿超过3次。借鉴广东省博物馆微信公众号由志愿者团队运营的做法,组织志愿者轮岗运营微信公众号和微博,作为鼓励,利用基地地处江心岛的地理优势,向志愿者运营团队提供定期举办烧烤聚会等福利。充分调动志愿者的积极性,针对每个人的才艺安排适合的任务,在节约人力成本的同时,使原创内容从多种多样多角度来丰富基地自身的话语。

中国导盲犬南方示范基地在中国社会公益环境尚在探索、相关管理与扶持制度尚未出台、自身作为草根公益基地缺乏系统完善的传播策略和运作模式等情况下,要打破缺乏资金—传播投入不足,效果差—缺乏资金的僵局,一方面需要政府出台并实施相应的管理和扶持政策,提供制度保障和政府支持;公益组织协会加强自身的管理,提高社会成员对公益事业的信任度和支持度。另一方面需要公益组织自身运用互联网技术和思维,采用将导盲犬基地运作模式专业化、及时更新媒体形象、多元化的合作方式,在传播主体内部组织上增加灵活性等方法,增强传播力度,提高传播效果。

本节参考文献：

[1] 雷建华，彭迪. 探寻中国公益事业良性发展的可持续之路"中国公益事业可持续发展"系列座谈会直面危机共商对策 [J]. 社会与公益，2011 (11)：66-69.

[2] 王喜雪. 移动互联网时代公益变革的若干思考——技术赋权及其他 [J]. 研究参考，2015 (1).

[3] 许阳阳. "一元购画"：新媒体参与式传播范式初探 [J]. 今传媒，2017 (10)：20-21.

[4] 原永红. 慈善事业进入依法治理时代——《慈善蓝皮书：中国慈善发展报告（2017）》发布会在京举行 [J]. 中国国情国力，2017 (7)：81.

[5] 卓高生. 现代西方社会公益精神理论溯源 [J]. 学术论坛，2012，35 (7)：189-192.

第二节　阿拉善 SEE 基金会"任鸟飞"公益项目传播案例研究

一、阿拉善 SEE 基金会与"任鸟飞"公益项目

（一）阿拉善 SEE 基金会

2008 年年底，阿拉善 SEE 生态协会发起成立阿拉善 SEE 基金会，这是一家在北京市注册的非公募基金会，理事长是著名经济学家吴敬琏先生。阿拉善 SEE 基金会致力于推动形成一个在规模和质量上与中国经济发展相匹配的、健康的、多元的民间环保公益组织生态链，从而可促进解决本土环境的问题。

2009—2012 年，阿拉善 SEE 基金会通过"项目资助""机构资助"等资助通道，直接投入资金累计超过 3800 万元，支持了将近 300 个环保公益团队，覆盖国内民间环保公益行业超过半数。自 2012 年起，阿拉善 SEE 基金会形成了更为成熟的战略发展计划和业务模式，在"生态保育""污染防治""气候变化"三个业务板块下开设具体的项目专题，针对特定的保护目标，与相关环保组织进行持续稳定的合作。同时，通过"关键人才基金""创绿家计划"

等资助平台，对环保公益人才、组织及行业发展进行支持。近年来，阿拉善SEE基金会逐渐提升资助规模，成为中国民间环保公益行业最大的资助方。

（二）"任鸟飞"公益项目

"任鸟飞"公益项目是守护中国最濒危水鸟及其栖息地的一个综合性生态保护项目，由阿拉善SEE基金会于2016年3月发起。该项目的关联组织还有巧女公益基金会、阿拉善SEE华北项目中心、华东项目中心、深港项目中心。

自创立之初，项目就制订了一个横跨10年（2016—2026年）的项目计划。该项目的初定目标之一，是打造一个由生态保护组织、企业、社会公众和科研机构组成的民间保护网络，与政府的自然保护体系互补。除了组建民间保护网络这一重点行动外，"任鸟飞"还有两个项目行动，分别是建立生态保护示范基地和开展科学研究与政策推动。这三个项目业务最终都是为了达成在10年内优先保护146块急需保护的湿地和24种濒危水鸟的目标愿景。

在"任鸟飞"项目中，民间保护网络占据着一个至关重要的位置。它是整个项目的核心模式。在这个网络中，"任鸟飞"无疑占据着中心地位，连接着网络中每个民间保护机构。就现有披露的信息来看，这些机构间的连接度不高，都关注着各自申请的项目地域。

二、"任鸟飞"公益项目传播策略分析

（一）对外传播

"任鸟飞"公益项目的宣传工作大部分依托于整个阿拉善SEE基金会的宣传。例如，许多申请的消息都放在了阿拉善SEE基金会的网站中。

项目本身的宣传渠道并不多。除了未开通专门的微博外，"任鸟飞"拥有他们专门的项目官方网站和微信公众号。从消息内容上看，"任鸟飞"网站中与该项目有关的文章较少，其中大部分都是活动和项目进展消息。相比于网站上的项目相关文章，公众号文章的内容则更为丰富。其中，既有项目进展报道，也有针对某个主题（如水鸟专题）的科普文章。根据统计，公众号内大多数文章的阅读量都是300次左右。

在宣传平台的运营上，网页和微信公众号呈现两种不同的状态。网页中许多板块和信息都没有得到及时的填充和更新，有些文章甚至只有一半的内容；

而公众号上的内容和功能得到了较好的维护和更新,有许多原创和转载文章。

(二) 媒体报道及社会反响

正如"任鸟飞"自身十分依赖阿拉善 SEE 基金会的宣传一样,在实际的媒体报道中,我们很少会看到这个项目被单独提及。换句话说,报道中的重点名词常常是"阿拉善"而非"任鸟飞"。当社会公众想了解湿地保护的相关信息时,他们似乎很难找到像"任鸟飞"这一更准确的关键词。但是依托阿拉善 SEE 基金会的平台优势,"任鸟飞"公益项目也得到了许多资源上的支持。

然而,有一种情况是例外的。在民间保护网络的各个机构宣传中,我们可以直接看到"任鸟飞"的宣传字样,而很少看到重点宣传阿拉善 SEE 基金会的文章。但是,这些民间机构资讯的阅读量本身不高,文章的经营也难称很好。

以上两点导致了整个"任鸟飞"项目在大的媒体平台上难以得到足够的宣传资源;在项目传播地域上,虽然分布广泛,但普遍知名度较小。

目前,"任鸟飞"项目产生的社会反响也是比较小的。这一方面固然可以直接从其微信文章的阅读数看出来;另一方面则是受到整个项目模式的影响,毕竟,项目的宣传主要都是面向民间保护机构这一群体,扩大社会公众影响力似乎并不是当下阶段所关注的和达成的。

三、"任鸟飞"公益项目传播总结与建议

由阿拉善 SEE 基金会、红树林基金会发起,基于阿拉善 SEE 生态协会、腾讯公益基金会、企业的支持,项目本身拥有充足的资金。阿拉善 SEE 基金会所拥有的媒体资源以及企业家自身的影响力也成为"任鸟飞"公益项目传播的天然优势。但是,在"任鸟飞"公益项目的组织架构下,这样的优势却无法真正发挥作用。这是因为项目本身的组织架构为阿拉善 SEE—民间保护网络,由阿拉善 SEE 基金会发起并统筹,具体项目执行则交由招募的民间保护机构,所以,单个的保护项目情况进度等信息都掌握在各个民间保护机构手中,这些信息的宣传自然主要依靠各个执行机构,而这些机构自身的传播资源和能力显然是不足的。

阿拉善 SEE 基金会本身与各个执行机构在传播能力上的不对等,造成了"任鸟飞"公益项目传播中的不平衡。阿拉善 SEE 基金会强大的媒体资源和影

响力所能覆盖的宣传内容限于阿拉善SEE基金会自身、"任鸟飞"公益项目自身以及较为重大的项目进展，而难以深入到一线，为大众展现更多的项目细节。

全媒体、多渠道的传播方式让"任鸟飞"公益项目的宣传覆盖了传统媒体报道（电视、报刊）、新媒体平台（网站、微信等），其中微信公众号平台的建设最为成功，开设了许多特色栏目，文章更新频率和阅读量都超过了同类公益项目的公众号，达到了较活跃的水平。

民间保护网络使得"任鸟飞"公益项目拥有更多的传播节点，带来了更广的传播覆盖范围。除了阿拉善SEE基金会本身的传播，参与"任鸟飞"网络的众多民间保护机构也是项目传播的重要组成部分，很好地抓住了合适的时间与事件节点，成功地借势进行了传播。"任鸟飞"在腾讯"99公益日"、国际生物多样性日、全国观鸟日、《中国滨海湿地保护管理战略研究》制定等与项目相关的时间与事件节点上，都适时推出了借势宣传活动与文章，赢得了较好的传播效果。这些方面可为其他公益组织传播提供参考。

同时，我们建议利用已经建设起来的微信公众平台资源，发布更多关于单个项目的详细信息。例如，为每一个民间保护网络中的项目和合作机构做一些专题报道，让大众能够更加清晰地了解"任鸟飞"以及其所孵化的众多项目。其次，开发更多的媒体形态，如游戏、动画、影视等，用更加娱乐化的载体来寻求更广的传播范围、更直观的传播效果。

本节参考文献：

[1] 杨海洪，李东林. 非营利组织公益运作模式中的"企业家精神"分析 [J]. 改革与战略, 2012, 28 (8): 37-39.

[2] 朱春，程银宏. 民间公益组织间合作的逻辑与实现——基于上海市益优青年服务中心的研究分析 [J]. 改革与开放, 2011 (10): 123-126.

第四章 公益教育领域的公益传播案例

第一节 "青杏"传播策略研究及性教育 "套送有缘人"活动策划案

一、中国性教育背景与"青杏"

(一) 中国性教育背景

我国是世界上人口最多的国家,其中青少年(10~24岁)占总人口的1/4,有3亿人。这组人群处在人生成长定型的关键时期,也是针对青少年特点进行性教育的重要时期。由于青少年性生理、性心理的急剧变化以及社会环境的作用,加之性教育明显滞后,在现实生活中出现了许多有关性的问题,包括青少年性教育严重滞后、性成熟提前等,严重地影响着青少年的身心健康。

大学生初次接触性知识的时期和了解性知识的来源有很大的关联。高中时期初次接触性知识的学生,受他人影响了解性知识的最多,占63.1%。大部分的大学生是在高中时期初次接触性教育,大学开设性教育课程少之又少,并且大部分都是受他人影响了解到性知识,学校教育和家庭教育明显不平衡。因此,我国学校和家庭对学生进行性教育的程度还需加强,对不同时期的学生需要用不同的教育方式。

大学生自学获取性知识的途径大多分以下几种:正规书籍和杂志、正规网站或性教育视频等。自学性知识的大学生从网站获取性知识的占51.76%,从正规网站、性教育视频中获取性知识的占27.54%,这说明了大部分的大学生更倾向于自己了解性知识,并且大部分学生都从网站中获取性知识。综上,大众媒体对大学生性知识的获取影响颇大,但缺乏正确引导,导致大学生获取性知识的途径畸形发展。

(二)"青杏"概况

深圳市青杏文化发展有限公司简称为"青杏",虽以公司模式进行运营,但是其理念独特——主要透过媒体运营来试图让我们关注年轻人的身体、性与健康、性观念、成长、生活方式等多方面议题,主要通过线上社交媒体,以文字、漫画、音频、视频等多种形式,为青少年提供正确全面又活泼有趣的健康资讯、传播积极平等又多元包容的观念,同时也在创造轻松有趣的线上交流分享平台。

青杏将自己定位在社会企业(social enterprise),并已经通过了社会企业资质认证。和大多数社会企业一样,青杏也是通过运用商业手段、社会创新方法来实现社会目的的企业。社会企业有自己的使命,以实现使命为最高原则,因此,它重视社会价值多于追求最大的企业盈利。

青杏对应的社会使命主要有两个:一是以青少年(15~30岁)为目标受众和服务对象,主要通过新媒体等互联网渠道,为他们提供正确而全面的健康资讯(包括性与生殖健康)和多元化的生活方式及体验活动,减少青年群体在社会中面临的伤害和压力。二是关注青年的态度与思想,倡导平等、尊重、多元的价值观,培养青年成为为自己、他人、社会负责的公民,积极主动地主导自己的人生。

基于这样的公益性质,青杏成为全国第一家专注性教育行业的社会企业,目前还是中国性教育行业唯一一个经认证的社会企业。截至2017年年底,中国共有129家经过认证的社会企业(由深圳国际公益学院公益金融与社会创新中心和深圳市社创星社会企业发展促进中心评审,从2015年起开展社会认证),青杏就是其中一家社会企业。

虽然社会企业创立的初衷是为了解决社会问题,因此,企业重视社会价值多于盈利,但是社会企业也需要尽力实现盈利,因为企业盈利是为了支持公益事业,或者重新投入公司运营。

青杏在平衡商业和公益这两方面表现卓著,目前开拓了多项业务,既包括社交媒体优质内容产出而获得的广告分成,也包括与青杏关注领域相关的电商产品。基于此,青杏在成为社会企业之后,还获得了"中国好社会企业"的荣誉称号（全国仅58家企业被评为"中国好社企"）。图4-1为青杏发展历程。

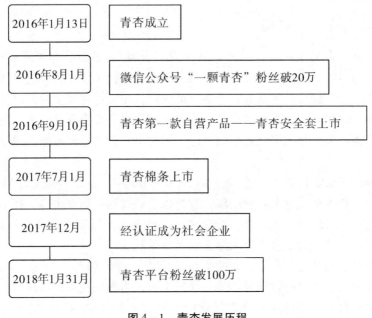

图4-1 青杏发展历程

二、"青杏"传播现状分析

青杏主要关注青少年的身体、性与健康、性观念、成长、生活方式等多方面的议题，强调安全负责的性行为和多元包容的性观念，并倡导性别平等。

目前运营的两大方向有：社群媒体业务和电商业务。

社群媒体运营方面：从2014年10月以来，青杏每个月都有专题征文，主题包括青春期、身体、性等方方面面。邀请性学专家为其撰写专栏，以及请漫画作者为其设计制作可爱有趣的原创漫画，另外，还有"杏好有你"电台节目，分享青春故事，挖掘身体的小秘密。2016年12月，出版图书《青春里那些隐秘而伟大的小事》，集合几十篇少女青春故事，目前可在线下书店和网上平台（京东、亚马逊等）购买该书。

同时，青杏在各大社交网站上均有账号，每天接收着数以百计的来自全国各地年轻人的提问，回复他们的同时也会挑选有代表性的问题做出公开回复。

三、"套送有缘人"传播方案

（一）活动安排

活动一："青杏市集"义卖日（2018年7月8日），在青杏小程序——"青杏市集"发布义卖的活动通知。活动当天，所有在"青杏市集"购买筹得的善款将作为接下来公益活动的经费。义卖物品是活动当天所有在"青杏市集"销售的物品。义卖后，后台人员将统计筹得善款以及后续活动发布在第二天的公众号推文上。

活动二：在线答题招募1000位青杏天使（2018年7月6日—10日）。青杏天使指的是所有已成年并承诺能够对自己性行为负责的青年人，他们将通过学习并参与回答10道与性方面有关的问题，正确个数在8个以上并分享至朋友圈将获得"青杏天使"称号，将朋友圈截图与地址发给后台将有机会得到一份精美礼物（要求保留朋友圈至少10分钟）。

（二）可行性分析

（1）本次活动通过线上公益模式进行传播，成本较小，并且青杏平台已经有稳定的粉丝基础，每篇推送的浏览量均在30000次以上，后台关注量在22万人左右。

（2）"青杏市集"是绑定于"一颗青杏"公众平台的小程序，平台包括多种青杏品牌产品，日均营业额为4000元左右，经过前期的宣传，义卖日当天可筹得性教育普及宣传资金8000～10000元。

（3）"青杏天使"招募题目数量仅为10道，在学习了公众号推出的青杏知识的前提下，达到有效保护性行为的教育目的。

（4）1000位"青杏天使"所获得的礼物为20元，预计成本为20000元，因此没有超出预算，经济可行性高。

（5）由于在答题前需要填写个人信息，并且后台会筛选1000位青杏天使精美礼物，通过这套机制有效地确保1000位青杏天使都是成年人。

（6）预期传播效果。由于之前庞大的粉丝基础以及高阅读率，预计本次活动传播涉及人数达到40万人。

（三）方案总结

作为一家关注年轻人的身体、性与健康、性观念、成长、生活方式等多方面议题的社会企业，同时还是中国第一家关注性教育的社会企业，青杏致力于透过社会经营实现其社会价值。

在社会经营上，青杏致力于"两条腿走路"：一是社群媒体的运营，通过流量及广告分成营利；二是电商产品的销售，通过实体经营最终实现企业盈利。

社会企业的社会运营还要服务于社会价值的实现。青杏目前主要透过社群媒体的运营来实现这一目标——包括进行性教育相关的视频、音频、书籍、微信推送的制作。

本次策划的"套送有缘人"活动，目的在于通过活动让人们对避孕有更深层次的认识，也期望这次活动能加强我国目前薄弱的性教育建设，同时，也能增加青杏的社会知名度。

活动采取线上和线下融合的方式，既包括线上的招募、问答、评选等环节，也包括线下的产品赠送。这将打破青杏一直以来仅透过线上模式实现社会价值的方式，打通了青杏产品实现社会价值的途径。这既是青杏公益模式的扩展，也能带动青杏线下产品的销售，从而实现更多的企业盈利，最终服务于公益事业。

本次活动的突破在于义卖活动的推广和宣传，以及"青杏天使"的招募。这就需要动用青杏在多个平台上的社交媒体进行宣传，与此同时还要和社会媒体积极联络，透过大众媒体的报道来完成活动和增加影响力。

第二节 广州市母乳爱"母乳喂养快闪"公益传播案例研究

一、母乳爱机构与 Big Latch On

（一）母乳爱机构

"大声有爱·母乳爱"公益项目于2013年5月20日成立，下设母乳爱志愿服务队和母乳爱公益基金。2015年2月更名注册为民办非企业——广州市海珠区母乳爱公益服务中心（以下简称"母乳爱"），主要倡导推广科学的母乳喂养和育儿知识，捐献母乳救治重症儿童，协助联合国儿童基金会推广建设母爱10平方米母乳喂养室，帮扶特困儿童家庭，开展志愿公益性课堂以及培训与交流、咨询，关注科学养育二孩等。2016年5月，母乳爱北京志愿服务队正式成立。

"母乳爱"的使命是致力于为带宝宝外出的母乳女性提供一个比较安全和私密的母乳喂养空间，支持女性有尊严的母乳喂养。

"母乳爱"希望：①通过"母乳爱"持续的志愿服务，让更多的家庭坚持母乳喂养及科学育儿。②呼吁全国大中城市建立更多的母乳库，接受母乳捐赠，救治更多的重症患儿。③在公众范围建立更多的母乳喂养室。④保持母乳爱志愿服务队的队员持续参加志愿公益活动。

母乳爱公益服务中心的服务内容主要分为三大模块，分别是公益课堂公益活动、母乳捐赠救治及推广建立母乳喂养室。公益课堂公益活动在社会上倡导母乳喂养和科学养育育儿知识，"母乳爱"会定期聘请母乳爱志愿服务队的专家团队及专业志愿者为讲师，并举办不同内容（如婴儿保健、婴儿健康发展等）的公益课堂；母乳捐赠救治号召并组织符合条件的女性到中国首家母乳库捐赠母乳，救治重症儿童；推广建立母乳喂养室则是旨在推广母乳喂养室，为婴儿提供一个舒适的母乳喂养环境，让社会尊重母乳喂养，让女性有尊严地哺喂。

（二）Big Latch On

Big Latch On（全球母乳快闪，简称为 BLO，指妈妈同时哺乳）是每年 8 月份为庆祝世界母乳喂养周［世界母乳喂养宣传周是由世界母乳喂养行动联盟组织发起的一项全球性的活动，旨在促进社会和公众对母乳喂养重要性形成正确的认识和支持母乳喂养。目前在全球已有 120 个国家参与此项活动。国际母乳喂养行动联盟（WABA）确定每年 8 月 1 日至 7 日为"世界母乳喂养周"，使全社会积极鼓励和支持母乳喂养，拓宽母乳喂养的内涵，创造一种爱婴、爱母的社会氛围］的全球性活动。

此活动发起于 2005 年的新西兰，并在 2010 年由"从微小做起"小组的 Joanne Edwards 引入美国俄勒冈州的波特兰市。从那以后，它已经成为一个全球性的项目。BLO 致力于保护、推广和支持母乳喂养，激发本地和全球支持母乳喂养的意识和知识普及，帮助社区积极支持在公共场合母乳喂养，展现母乳喂养是当地社区生活正常的一部分，推动哺乳女性的伴侣、家庭和社区共同支持母乳喂养，以及确保社区有足够的资源来倡导适当的和可获取的母乳喂养支持服务。该活动内容为来自世界各地以母乳喂养为主的妈妈在特定的时间来哺乳他们的孩子——所有哺乳期的妈妈在设定的一分钟内，在见证下以母乳来哺乳小孩。在 2014 年的活动中，全球已有来自 31 个国家、826 个不同地区的 14173 名哺乳期妈妈注册参与其中。

（三）"母乳爱"的 Big Latch On

从 2013 年起，"母乳爱"在每年的 8 月份都会举办一次以母乳快闪为主题的公益活动——The Global Big Latch On，并配合国际母乳喂养行动联盟的"世界母乳喂养周"倡导母乳喂养宣传。

"母乳爱"每年的快闪活动都会设定一个与母乳喂养有关的活动主题，并且活动主题与活动地点相互匹配，提升活动传播优势。

以下是"母乳爱"曾举办的快闪活动。

（1）2013 年 8 月：我们都是哺乳动物——长隆野生动物世界长颈鹿园区，和哺乳动物一起。

（2）2014 年 8 月：母乳爱，流动的爱——荔枝湾游艇上。

（3）2015 年 8 月：母乳妈妈都是小蛮腰——广州塔小蛮腰的观景台前，主题与广州地标相呼应。

(4) 2016年8月：母乳宝宝幸福像花儿一样——百万葵园向日葵花前，同时邀请了羽毛球双打前奥运冠军作为见证人，配合2016年奥运年的宣传。

(5) 2017年8月：母乳爱，生命之源——首次北上广三地同时举办母乳喂养快闪活动，三地都选择在水边，同期近80家媒体进行传播，当日微博热搜排第6位。

二、公益传播四维框架

对于公益传播这种传播形态，四川大学学者王炎龙、李京丽和刘晶尝试结合公民社会逐渐形成的背景，以复杂的传播主体为切入点，归纳出媒体公益传播、企业公益营销、政府公益管理和民间公益参与四个维度，形成公益传播的四维框架（见图4-2），以探讨在公益传播的运行结构和系统中，四个主体出于何种动机、何种需求，如何统筹与发挥各自功能，进行公益传播的流程参与，并最终实现公益传播效果最大化（王炎龙、李京丽、刘晶，2009）。

公益传播四维框架主要是指以下传播模式。

首先，传统角度中最主要的公益传播主体——公益机构，在框架中被放在一个组织协调的位置上，强调与四大传播主体的组织协调关系。其他的四个传播主体在这个结构中，有各自不同的多向度利益需求，结构中分别用斜向相反的箭头表示不同或相对的利益指向。在这些利益需求中，各传播主体各有一种利益趋势，以促进主体进行公益传播动机的形成。比如，政府实现社会意识形态管理、寻求社会矛盾的缓解和公共问题的解决，企业承担公益责任以实现形象和市场间接利益的提升，媒体作为社会公器应该承担公益传播的责任，公众处于共同的利益而存在的公共话语表达需求（王炎龙、李京丽、刘晶，2009）。

分开来看除公益机构外的四个主体，其所承担的功能各有侧重。

媒体凭借强大的话语和舆论权，占据了公益传播过程中不可或缺的位置。对于公共空间而言，媒体的核心价值在于实现媒体舆论空间以及由此产生的公众舆论空间在意见态度上的有机互动。在传统媒体领域中，电视凭借其广大的受众面和强烈的视觉冲击效果等传播优势而拔得头筹，形成了以公益广告为主，辅以电视媒体活动、专题节目的多元表现形式。此外，以"交互性'去中心化'长尾效应"等为显著特征的网络新媒体愈发显示出在公益传播中的优势，网络公益活动的亮点在于聚合并且使用网民"微内容生产"的巨大能

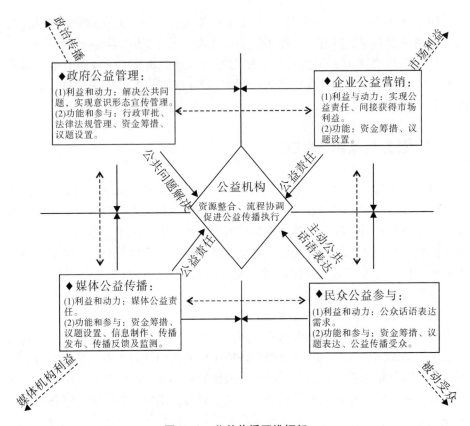

图 4-2 公益传播四维框架

量（王炎龙、李京丽、刘晶，2009）。

企业公益营销是指企业通过建立基金、设立相关组织以及投资公益性社会活动等，在公益传播过程中树立品牌形象、增强行业竞争力、优化内部管理。从目前来看，企业进行公益营销最直接高效的方法就是公益广告与公益活动投资。这也是很多公益项目的资金来源渠道。

政府在公益传播上一方面实行主体的职能，另一方面实现公益机构的挂靠。在我国的行政体制中，事业单位基本发挥着其他国家公益性职能机构的作用，在科研、教育、文化、卫生等方面进行公益管理，如规定公益事业税收方法等。但是由于我国公益事业体制尚不健全，公益管理投入与产出不符、管理分配不均衡，这也是我国在未来公益管理主要面临的主要难题（王炎龙、李京丽、刘晶，2009）。

公民参与公益也逐渐成为公益传播中的重要力量,这也得益于居民收入的提高和互联网新媒体的发展。大量规范的民间组织和松散民间群体的形成,民间"意见领袖"的出现,为民众参与公益事业,进行公益传播提供了有影响力的渠道。在此基础上,规模化、有组织、有代表性的民众公益参与在公益传播中成为可能。在此过程中,这些"草根民众"在话题上的号召力、在传播效果上的影响力,甚至在公益资金筹措上的巨大能量都不可低估(王炎龙、李京丽、刘晶,2009)。

与以往的研究不同的是,公益传播四维框架更强调在公益机构的协调和整合,公益传播能最大限度地体现公众利益,而不是某一机构的绝对主导地位。研究者提到,资金筹措的多重来源、议题设置上多方参与的互动性,以及公众在公益传播中既作为传播主体也作为传播受众的双重角色,它们之间的冲突和融合都体现了公益传播中多重主体的互动价值。

三、"广州塔·母乳爱·母乳妈妈都是小蛮腰"与"母乳爱,生命之源"活动传播策略分析

(一)活动回顾

这里,我们选取了两个典型案例进行对比分析:2015 年广州母乳快闪"广州塔·母乳爱·母乳妈妈都是小蛮腰"和 2017 年上海母乳快闪"母乳爱,生命之源"。

1. 2015 年广州

活动主题:"广州塔·母乳爱·母乳妈妈都是小蛮腰"。

活动时间:2015 年 8 月 1 日(周六)上午 9:30—10:30。

每年 8 月 1 日到 7 日是国际母乳喂养行动联盟确定的"世界母乳喂养周"。2015 年 8 月 1 日上午 10:30,在珠江边的广州地标广州塔二楼珠江摄影观景平台,38 位怀抱宝宝的妈妈集体哺喂自己的孩子,共同完成"母乳喂养快闪"活动。母乳妈妈们以集体哺乳的行为艺术倡导母乳喂养。

38 位怀抱宝宝的妈妈在广州塔二楼观景平台参与了"母乳喂养快闪"活动。她们聚集在广州塔西广场,哺喂宝宝 1 分钟,宣扬母乳喂养理念。

在现场,国内首家母乳库、广州市妇女儿童医疗中心母乳库派出流动母乳车,在喜羊羊展区特别设定了一个现场母乳捐赠点,接受产后 10 个月内的母

乳妈妈捐赠母乳，用于救治病重婴童。据介绍，在活动现场有16位妈妈共捐献了1320毫升母乳，最多的一位捐赠了150毫升。

母乳爱志愿服务队队长徐靓介绍，两年来，母乳爱志愿服务队拥有了800多位海内外的志愿妈妈；截至2015年7月18日，已有557位妈妈合共捐赠63.5万毫升母乳，总捐赠次数达到3045次，免费救治了142名重症的孩子。

因为救治的大部分是小月龄的孩子，所以，母乳库接收的捐献母乳的是"奶龄"在10个月内的妈妈。徐靓表示，由于不断有老队员"退役"，我们希望有更多"新手妈妈"参与捐献，而且希望每位母乳捐赠妈妈至少能捐5次，这样可以最大限度地减少母乳采集耗材的成本。

广州母乳爱志愿服务队此前已成功组织了两次以"母乳喂养快闪"为主题的公益活动，母乳妈妈们以集体哺乳的行为艺术倡导母乳喂养。

2. 2017年上海

活动主题："母乳爱，生命之源"。

活动时间：2017年8月5日周六8：30—11：00。

母乳快闪活动主题将结合"水"的元素，凸显生命之源的寓意，以北京、上海、广州三地联动，在同一时间不同地点，不同妈妈同时参与哺乳，向大众呼吁关注母乳喂养及公共场所母婴室的建立。

8月5日，北京后海望海楼、上海黄浦江边中国船舶馆望江平台以及广州长隆野生动物世界天鹅湖边，北京、上海、广州三地70多位怀抱宝宝的妈妈，集体哺喂自己的孩子，配合着她们身后的后海、黄浦江、天鹅湖，一起说出这次母乳快闪活动的主题——"母乳爱，生命之源"。

上海站地点安排在世博公园的亲水平台，突出"水，生命之源"的元素。

作为我国第一个倡导母乳喂养和母乳捐赠救治重症患儿的"大爱有声"母乳爱公益，母乳爱志愿服务队自2013年成立起，每年都会在8月世界母乳喂养宣传周期间，在广州组织一次主题有趣的母乳喂养快闪活动。2017年，"大爱有声"母乳爱的母乳快闪公益活动，除了继续在广州第五次举办，还首次在北京和上海举行。

（二）传播活动亮点

1. 活动主题潮流化

2015年的母乳喂养快闪活动把活动举办地点选在了广州塔边，并将活动主题命名为"哺乳妈妈都是小蛮腰"，一语双关。一是与广州塔的昵称相关，让受众更有代入感；二是为哺乳妈妈贴上了美丽标签。在大众形象中，哺乳期的女性往往是刚生产完还未恢复孕前状态的妇女，但这样的解读可以说是完全的误解，女性在任何阶段都是自信美丽的，生产完的女性更有母性散发出的魅力。"母乳爱志愿服务队"希望通过这样一个主题来表达对哺乳妈妈的赞美与鼓励，又"潮"又有十足的正能量。

2017年的母乳喂养快闪活动将主题设置为"母乳爱，生命之源"，看似平淡陈旧的主题却将母乳对婴儿的作用与水对全人类的作用进行类比，突出母乳喂养本身的重要性，除了能够更加吸引受众的注意，简单的一句标语本身也具有实用意义。而在这个主题之下，活动分别在与水有关的北京后海望海楼、上海世博公园亲水平台、广州长隆野生动物世界天鹅湖展开。正是这个和"水"密切相关的主题，强调了母乳对婴儿的重要性，唤醒了社会对母乳喂养的支持。

2. 北上广三地同时进行，全国性接力传播

母乳喂养快闪活动进行到2017年，已经成为全国性的公益传播活动。2017年，北上广三地同时进行活动，不只是一线城市，全国各地的城市（如湛江、福州等）也都在公益组织的帮助下纷纷响应，全国性的联动直接将信息传播大范围扩散，在地区与时间上都产生了连续性更强的影响力，母乳喂养不仅是区域性的话题，也是全国性乃至全球性的倡导。

3. 全球性

每一年母乳快闪活动都有不同的主题，也会在不同的地方举办活动，但是无论选择什么样的主题，或者是选择不同的地点，母乳爱志愿服务队都会和国际母乳喂养行动联盟相互配合，根据全球性的总体活动态势进行活动的调整。每一年的母乳快闪活动看似是一个局限于中国的公益活动，实际上是和全球其他各个国家联动，共同宣传、倡导、推动母乳喂养的行动。

（三）公益传播四维框架在案例中的主体体现

1. 公益机构与"母乳快闪"公益传播

在历年的母乳快闪活动中，作为这个公益传播活动中最重要的主体，母乳爱志愿服务队发挥了最为重要的组织协调关系。在整个活动的国际化大背景下，母乳爱志愿服务队连接国外资源，加入全球性的母乳快闪活动，并且配合全球性的整体活动，在我国的不同地点举办母乳快闪活动。母乳爱志愿服务队从与全球活动的联动角度出发，综合考虑我国以及我国不同城市的特点，连接

各方资源，完成和全球同步进行的母乳快闪活动。

首先是和媒体的日常关系维护以及活动时的对接。母乳爱志愿服务队的工作人员由于具有一定的媒体行业背景，无论是在平时的媒体关系维护方面，还是在活动筹备期间的媒体邀请方面，都做了足够的准备工作。因此，最终在活动进行的过程中，大量的媒体发声使得这一系列的公益传播活动有了较大的影响力。在2015年的活动中，由于主体活动在广州举办，母乳爱志愿服务队主要邀请了广东省内各个领域的不同形态的媒体共同对活动进行报道，涵盖了纸媒（如《南方都市报》《羊城晚报》《南方日报》等）、电视台（广东卫视、南方卫视等）、电台，同时也邀请了《京华时报》和京广网等全国性媒体，将活动声量向全国发散。而2017年的活动由于是北京、上海和广州多个城市联动的活动，在媒体安排上，母乳爱志愿服务队也进行了相应的调整，安排了北京、上海和广州三个不同地点的地方媒体，同样也涵盖了电视台、纸媒、电台等多种媒体形式，除了地方性的媒体，也联系了全国性的媒体进行声量的扩大。

其次是连接企业资源。在公益传播活动之中，企业通常能够为传播活动提供物资、完成传播活动所需要的物料供应等工作。而在母乳快闪的活动之中，母乳爱志愿服务队一如平时的日常活动，能够链接企业找到物资供应或者资金提供方，在活动中也完成了连接企业资源的任务。虽然在2015年的活动中，企业的身影并不明显，但是在2017年的活动之中，母乳爱志愿服务队找到世博旅游公司进行活动协办。除此之外，在往届其他母乳快闪的活动之中，母乳爱志愿服务队还达成过与广州百万葵园等企业的合作。在公益传播的整个过程中，母乳爱志愿服务队与企业的联结为公益传播活动打下坚实的基础。

再次是连接政府资源。在公益传播活动中，在中国的语境下，大多数的公益传播活动得到政府支持就会有更多的资源和更大的影响力，从而能够更好地达到传播的目标。而母乳爱志愿服务队实际上也长期有效地维护和政府的关系，无论是"母乳爱"的日常活动还是大型活动，都有广州市妇女联合会作为支持，从而为母乳快闪活动在广州的顺利举办奠定良好的基础。由此可见，母乳爱志愿服务队对政府部门关系的维护也是传播之中必不可少的环节。

最后是连接公众。与最常见的公益形式不同，"母乳爱"不仅需要为公众提供一系列服务，更重要的是需要找到愿意参与到公益传播之中的志愿者，尤其是在母乳快闪的活动之中，实际上志愿者才是活动中最为关键的一环。在母乳爱的日常运营过程中，他们也非常注重和公众的关系管理，除了承担为公众提供服务的工作,"母乳爱"也积极维护和志愿者之间的关系。除了平时在志愿服务的过程中,母乳爱志愿服务队会接到一些母亲捐献的母乳,在母乳快闪活动的过程中,联络相关的志愿者显得更为重要。母乳快闪活动本身的最主要的形式就是母乳喂养的母亲们集中在某一地点同时进行1分钟的母乳喂养,每年的母乳快闪都需要"母乳爱"找到一定数量的母亲作为志愿者参与到活动当中。因此,无论是2015年的母乳快闪活动,还是2017年或者是以往任何一届的活动,母乳爱志愿服务队作为公益机构连接志愿者,或者说是连接公众的纽带,才是公益传播能够顺利进行最为重要的部分。

2. 媒体与"母乳快闪"公益传播

媒体作为公益传播活动中的重要一环,是公益传播发出声量并到达接收者的渠道。一个公益传播活动只有通过媒体发出足够的声量,并且被社会大众接收和内化,才能有效达到传播的目标和传递某项特定议题的目的。

在连续多年的母乳快闪活动中,母乳爱志愿服务队始终希望传递的理念就是鼓励母亲们坚持母乳喂养,从而为孩子们带来更为健康的体魄和更为亲密的母婴关系。然而,即便母亲们坚持母乳喂养,在公开场合进行哺乳的不便、母婴室的缺乏和相关公共措施的落后等都对在公开场合实现母乳喂养产生了非常严重的影响。"母乳爱"传递的另一个理念就是推动社会母乳喂养配套设施建设,鼓励更多人一起支持母乳喂养。因此,母乳快闪的活动形式,即每年在公共场合进行母亲集体哺乳1分钟的活动。

在举办母乳快闪的历次活动中,母乳爱志愿服务队都会邀请一定数量的媒体进行参与和报道,并且视实际情况调整媒体。相比于2015年媒体集中于广州,全国性媒体只是辅助,2017年"母乳爱"配合活动邀请了多个地区的媒体并且增加了全国性媒体的数量。由于每年活动的不同,"母乳爱"也根据活动本身调整媒体的声量。在整个议题的传递过程中,媒体首先接收公益机构的相关背景资料,了解公益机构所要传达的内容和目的,再结合活动当场的情况撰写报道,在设置好的议题之下将母乳爱志愿服务队希望推进母乳喂养、关注母婴群体的愿景传达给受众,完成舆论构建的功能。

除此之外,媒体本身也具有一定的公益责任,母婴群体作为社会的弱势群体,也是媒体应当进行关注和关照的对象。在母乳快闪活动进行的过程中,无论是地方性的媒体还是全国性的媒体都更多地从公益角度、母爱亲情角度等报道了历年的活动,使得全社会对母乳喂养以及母乳喂养公共设施缺乏等问题有了更多的关注。虽然媒体并不能直接造成这一公益传播议题的实现,但是将这一问题带到了人们的面前，实现了其公益责任的履行。

3. 企业与"母乳快闪"公益传播

作为公益传播的活动实施者，企业通常以活动协办方或者是活动的合作方的身份参与公益传播之中。企业进行公益传播的目的非常明确，通常都是履行自身所承担的社会责任，构建良好的企业形象。当然，在公益传播的实现过程中，企业可以通过更为直接的方式，即公益营销的方式，在实现企业自身社会价值的同时也因为媒体的曝光带来一定的曝光率和经济收益。

在2015年的活动之中，母乳爱志愿服务队和广州塔成为合作伙伴，在活动的过程中，整个母乳快闪最重要的部分在广州塔二楼的珠江摄影观景平台南广场进行。该次活动的主题被设定为"母乳妈妈都是小蛮腰"，这也和广州塔契合。从主题到活动地点，2015年的母乳快闪和广州塔成为深度合作伙伴，广州塔为母乳爱志愿服务队提供了活动最重要的场地和相关支持，而广州塔这一城市地标也借助母乳快闪活动建构了温暖的社会形象。

在2017年的活动中，企业参与的痕迹更加明显。北京、上海、广州三地联动的活动都紧密围绕"水"的主题，分别选择在北京后海望海楼、上海世博公园亲水平台和广州长隆野生动物世界天鹅湖边这三个地点。其中，上海站的活动与世博文化旅游公司合作，广州站的活动则与长隆野生动物世界进行合作。这次活动的合作方同样也是较为著名的地标性旅游景点，和2015年的活动类似，为母乳快闪提供了活动地点和相关支持的同时取得了良好的社会形象。

在与企业的合作方面，母乳爱志愿服务队2016年举办的母乳快闪活动就表现得更为明显。2016年的母乳快闪活动在广州百万葵园举办，百万葵园不仅为母乳爱志愿服务队提供了活动场地，还提供了部分食宿并解决了交通问题。而由于活动自身的关注度以及活动邀请了奥运冠军的参与，作为活动的协办方，百万葵园不仅打造了良好的社会形象，在实现社会价值的同时也实现了游客数量的大幅增长。

4. 政府与"母乳快闪"公益传播

关于母乳快闪活动，政府是活动实施者也是对象。活动实施者方面，广州的母乳快闪活动已经持续开展了5年，一直由广州市妇女联合会协助举办，主办单位包括广东新闻广播、市儿童医院、母乳爱服务队等。广州市妇女联合会承担市政府妇女儿童工作委员会的日常工作，可以说母乳快闪活动的顺利开展很大程度上得益于广州市妇联的支持。妇联在公益管理方面将一部分服务交由公益机构举办，是政府单位的公益性职能实施的途径之一。公益机构的专业性与政府资源的结合成为推动母乳快闪活动成功的关键。而在 2017 年上海母乳快闪活动方面，活动的主办单位虽同为市儿童医院与母乳爱志愿服务队，但其协办单位为文化旅游公司。相比之下，上海母乳快闪活动所能利用的资源相对有限，一定程度上限制了传播的力度。在中国，因为众多制度与条约的限制，政府对公益机构活动的支持是公益传播的必备条件之一。

另外，母乳快闪活动的主要目的不仅是呼吁更多的公众关注并提倡母乳喂养，同时也需要得到政府的关注，要让更多的女性选择母乳喂养必须有政府的管理投入，母婴室与相关设施、制度的健全更是倡导母乳喂养的关键。因此，政府也是活动的对象，公益机构与政府的协调，是为了公众利益被更好地维护。

5. 公民与"母乳快闪"公益传播

公民是本次母乳喂养快闪的主要对象，包含参与对象与宣传对象两个层面。在涉及女性身体隐私的窘境下，哺乳妈妈们不畏镜头站出来为"母乳喂养"正名，旨在向大众传达"母乳喂养"并不尴尬，是母爱最原始、最本能、最真实的体现，从而达到倡导鼓励"母乳喂养"的初衷。母乳爱机构为哺乳期的女性提供了亲身参与公益的渠道，市民身体力行践行自己的公益价值观，在一定程度上比政府或公益机构直接宣传母乳喂养的益处更为有力，从而将信息更好地传达给公众。虽然"母乳喂养"的行为主体是女性，但这也得益于居民收入的提高和互联网新媒体的发展。大量规范的民间组织和松散民间群体的形成，民间"意见领袖"的出现，为民众参与公益事业、进行公益传播提供了有影响力的渠道。在此基础上，让规模化、有组织、有代表性的民众公益参与公益传播成为可能。在此过程中，对于这些"草根民众"在话题上的号召力、在传播效果上的影响力，甚至在公益资金筹措上的巨大能量都不可低估。

四、四维框架下的母乳爱活动总结与展望

现实社会的公益传播持续发展依赖于公益传播四维框架结构中政府公益管理、企业公益营销、媒体公益传播及民众公益参与的主体性功能的充分发挥。当然，传播过程成功与否还决定于主体功能的发挥是否充分。

在母乳爱活动中，"母乳爱"都成功把政府公益管理、企业公益营销、媒

体公益传播及民众公益参与的主体性功能充分地发挥出来。在政府公益管理上,"母乳爱"长期得到广州市妇女联合会的支持与指导;在企业公益营销上,"母乳爱"几乎在每次的快闪活动中都能找到企业的支持与赞助,例如,世博旅游公司、长隆野生动物世界等;在媒体公益传播上,由于"母乳爱"的工作人员大多本身就有媒体背景,因此,他们往往能轻易找到一些如《南方都市报》《南方日报》《羊城晚报》及广东卫视等知名媒体为他们做宣传;在民众公益参与上,"母乳爱"一直重视维系与志愿者的关系,因此,在活动举办的时候都能号召大量志愿者参加。正是因为"母乳爱"一直重视和政府、企业、媒体及民众的联系,才能一直成功地举办各种活动。

若"母乳爱"想得到更大的知名度,可在这四大维度多努力,例如,在政府公益管理上,"母乳爱"不应把自己局限于广州区域,除了广州市妇女联合会,还可以积极地寻求与其他政府组织的合作,例如上海市妇女联合会、中国妇女联合会等,以此扩大在国内的影响力;在企业公益营销上,"母乳爱"也可以与一些知名企业的公关或企业社会责任部建立长期合作的关系,只有长期合作才能获得企业的长期支持及推广;在媒体公益传播上,"母乳爱"与传统媒体一直保持良好的关系,但是他们对新媒体并没有太多的重视,这样难以吸引年轻妈妈加入,建议"母乳爱"可在微博、微信上加大宣传力度;在民众公益参与上,"母乳爱"快闪活动中的参与人群就是哺乳期女性,但是要成功推广及科普母乳喂养,家人特别是丈夫对哺乳妈妈的支持是十分重要的,建议"母乳爱"在以后的快闪活动中也可以多邀请爸爸群体参与,这样更能制造话题,有利于传播。

经过对"母乳爱"的案例研究,我们认为公益传播的四维框架对公益组织有着启示的作用。公益传播的四维框架既契合目前的社会的现实传播情境,也含有对公益传播的未来期待,对今后的公益传播实践有参考价值。只是在公益传播实践中,我们应该尽力克服多重主体之间的利益冲突,在共同利益指向上实现公益传播价值的最大化。

本节参考文献:

[1] 王炎龙,李京丽,刘晶. 公益传播四维框架的构建和阐释[J]. 新闻界,2009(4):18-20.

第三节　毕业后公益图书室传播案例研究

一、我国欠发达地区教育资源概况与毕业后公益图书室

（一）教育资源概况

国内发达地区与欠发达地区的区别不仅表现在经济水平上，在教育上表现出更大差距，分别体现在三个方面：教育资源、教学方法和学生的求学意愿。党的十八大报告中第一次提及全民阅读："加大对农村和欠发达地区文化建设的帮扶力度，继续推动公共文化服务设施向全社会免费开放。……开展全民阅读活动。""全民阅读"亦被写入 2014 年《政府工作报告》，足以体现国家对提高阅读的重视度。2017 年 4 月 18 日上午，中国新闻出版研究院发布第十四次全国国民阅读调查报告。数据显示，2016 年我国国民人均图书阅读量为 7.86 本。然而，在阅读量数据增长的另一面，有这样一个数据——在中国 70% 的农村儿童只拥有 11.1% 的儿童读物。当下，绝大部分城市学校都配有自己的图书馆，而很多农村学校甚至没有一个像样的书架，为数不多的课外读物也已经被翻得不成样子。当前，学界对"全民阅读"的研究还主要集中在公共图书馆和高校图书馆，对推广阅读承担重要补充作用的民间公益图书馆重视度显然不足。俗话说："工欲善其事，必先利其器。"书籍作为知识载体，教育实操外在，要解决教育不平衡问题的重要部分是实现书籍资源合理配置。

（二）毕业后公益图书室

毕业后公益图书室是 2016 年 1 月由广州大学的刘楠鑫联合北京大学、清华大学等国内外高校的 100 名大学生发起的，号召国内 4000 万在校大学生向边远山区农村、城镇中小学等场所捐献自己的闲置书籍，以搭建公益图书室的公益项目。项目同时组建大学生以图书室为桥梁，结合"互联网+"开展网络支教活动，其中以大学生一对一辅导中小学生和社会一对一帮扶为主，以此感召更多的社会人士参与，让书有人看，让人有书看。同时，让大学生在公益

实践的过程中不断成长，并提高道德修养和提升人格魅力。

毕业后公益图书室通过首创以公益模式搭建互联网组织系统，拓展精准资源，孵化实干领袖型人才，成为中国发展速度最快、规模最大的校园公益组织。它联合150多家公益组织、上百家社会企业、上千个爱心人士开展活动，目前已建立公益图书室1100站，覆盖1000多所高校，100万名在校大学生。

毕业后公益图书室的宗旨是希望让书有人看，让人有书看，让书成为一种力量。更加通俗的理解是，毕业后公益图书室鼓励大家捐出家中的闲置书籍，捐到偏远山区小学，让孩子们有书读。其项目的目标是打造属于大学生自己的公益平台，主要活动包括大学生筹建公益图书馆、明星图书馆等。

（三）百强社会责任偶像应援计划

在毕业后公益图书室的筹建中，有超过100家公益图书馆是由明星的粉丝捐赠的。2017年10月，"百强社会责任偶像应援计划"公益项目成立，且自发起活动起，几乎每两天都会有一家明星公益图书室落地。但刘楠鑫逐渐意识到仅凭自己和小团队的力量，无法更深层次将这项大公益活动推广开来。

因此，刘楠鑫创立了针对大学生的"千图计划"和针对明星粉丝的"偶像应援计划"，但其中大学生群体相对比例较小，而且时间集中在寒暑假。所以，"百强社会责任偶像应援计划"也是毕业后公益图书室从面向大学生群体拓展到社会群体的尝试。目前，明星图书馆的建立方式是通过向明星的粉丝募集书籍，然后向偏远学校捐赠。同时，按照不同图书馆的建造标准，明星粉丝应援会要支付包括图书运输、图书馆书架以及宣传物料的费用，价格为数千元不等。

粉丝捐赠以明星为名的公益图书室，成为当代年轻粉丝追星的潮流。毕业后公益图书室的创始人刘楠鑫通过引导众多粉丝捐出自己闲置书籍来做公益，将追星和公益结合在一起，借助明星影响力，聚合粉丝力量完成一件正能量的事情。

二、毕业后公益图书室传播现状与策略分析——以"百强社会责任偶像应援计划"公益项目为例

（一）传播方式和阶段

自创建至今，毕业后公益图书室的传播可分为四个阶段。

1. 创办阶段，依靠个人人脉

毕业后公益图书室由广州大学"人脉哥"刘楠鑫创办。怀着公益和创业的理念，他依靠个人人脉在微博、微信朋友圈招募联合发起人，在一个月之内与来自全国各地 100 名大学生联合发起了公益图书室，第一间公益图书室创办于清远佛冈县。

2. 初步发展阶段，主要利用发起高校社团及发起人的推广

为提升毕业后公益图书室的知名度和扩展公益人团队，刘楠鑫联合母校广州大学和广州大学城其他 6 所高校，进行大型公益捐书倡议活动，同时招募大量志愿者。本次活动在全国都有较大影响，甚至影响至西藏、新疆等高校，全国志愿者有 40 万人左右，仅广东就有 58 家发起高校。

同时，毕业后公益图书室以"投票选举发起人"作为卖点，在微博、微信上推广（按微信公众号投票排名来决定是否有资格成为发起人），吸引项目关注度；公众号每日推送发起人个人专访，传递公益精神，鼓励更多人"和我们一样"。

另外，毕业后公益图书室对社团协作非常重视，通过不同高校的各种社团的公众号推广，加大了品牌在各大高校大学生的知名度。

3. 扩大发展规模，与企业和社会组织寻求合作，与媒体密切联系

首个支持毕业后公益图书室的企业是兼职猫。兼职猫位于广州大学城附近，是规模较大又有地理优势的企业资源。兼职猫举行公益图书室发布会，获得大量媒体传播，如新浪网、腾讯网、凤凰网以及《信息时报》《新快报》等国内多家媒体。

毕业后公益图书室也参加各种公益、创业比赛，获得企业支持、知名度和资金支持。它树立"小黄人"形象代表，进行各地捐书活动（"5·20"大型捐书活动），并举行真人图书馆活动，使得毕业后公益图书室与其他公益图书室有品牌区分，并且给民众留下更独特和深刻的印象。

在 2016 年 10 月，依靠滚雪球式的推广，毕业后公益图书室收到了非常多的图书和企业支持，几乎是以每天落地一家公益图书室的速度在践行着自己的公益事业，多家媒体因为政府机构和企业邀请，不断报道毕业后公益图书室的资讯。创始人当时笑称，"时刻保证上个新闻"，体现其当时对媒体报道的重视程度。

（二）"百强社会责任偶像应援计划"公益项目案例分析

1. 网络传播渠道的推广现状

在对该项目以及毕业后公益图书室的传播渠道进行大量搜索后，我们发现，"偶像应援计划"这个项目在网络传播渠道的推广主要是在微博和微信公众号。因此，关于"偶像应援计划"项目的网络推广渠道，接下来主要会从微博、微信公众号这两个方面进行表述和分析，另外会对其余网络传播渠道进行概括性的表述。

关于不同渠道的评估维度，从毕业后公益图书室发起该项目的初衷来看，该项目能促使人们捐书捐物资、持续关注并促成分享的是有效传播带来的有效流量，因此，接下来会从渠道推广成本、质量、难度、关注度和传播效果等渠道成本与收益维度去评价不同的渠道。

（1）微博。微博是"偶像应援计划"项目的重要传播渠道。我们在百度上搜索关于"百强责任偶像应援计划"项目的关键词，超过 90% 的词条结果来源于新浪微博。目前，毕业后公益图书室的微博粉丝量达 10 万，微博条数达 1053 条，仍在不断更新，处于良好的运营状况当中。

作为公共事件发酵的平台，微博的作用一直处于领先地位。近年，对于时事、明星等公共事件的关注度时常是微博的热门话题，虽说在新媒体传播方面，微信逐渐超过微博成为渠道传播的中心，但不可否认，微博仍然有着不可小觑的影响力，尤其是在明星粉丝的话题与讨论上。

CNNIC 发布的《2013 年中国社交类应用用户行为研究报告》显示，微博相比于普通的社交网站以及微信，更突出以明星为首的弱关系社交圈子。相较于较为私人的微信，微博是国内明星和粉丝互动的重要渠道。在微博这一各大粉丝团的聚集地宣传"偶像应援计划"，项目的适配度极高。从"百强社会责任偶像应援计划"话题建立起来至今，相关微博已经有 346 万的阅读量，讨论 3 万条。参与的明星后援会众多，包括一些知名明星的粉丝后援会。其中，最热门的相关微博达到 339 次转发、191 次评论和 527 次点赞，互动性比较强。

在微博话题建立后的头 10 天，位于嘉禾望岗的毕业后公益图书馆广州总部收到超过 1000 个快递，超过 20000 册图书。这些图书都是微博上的不同明星的热心粉丝捐赠而来的。这是"偶像应援计划"项目有史以来收到图书最多的 10 天，获捐图书足够建立 10 个乡村图书馆。

从传播效果来看，微博无疑是"偶像应援计划"项目所有网络传播渠道中最为重要的一环。

（2）微信。腾讯的 2017 年第 3 季度的财报显示，其旗下的微信用户已经超越了 QQ 用户，成为第一大社交工具。微信传播内容具有私密性和即时性的特点。在精确化的交际圈里，微信的传受双方以亲人、朋友、同事为主，由于传者和受众的特殊关系，微信信息交流内容也更为私密。在微博上，粉丝可以看到所关注用户发布的相关信息，而微信信息停留在传受双方的移动终端上，只有传受双方可以看到、听到，其他用户无法在自己界面获知。这样一来，由于相比于微博，微信更具有私密性，信息传播的可信度会提升，而且引起的共鸣也会更大。

"偶像应援计划"项目很好地利用了微信公众号进行关系营销推广，效果也相当不错。项目建立了名为"毕业后图书室"的公众号，可以看到公众号主要发布项目相关的通讯稿。在公众号的首页有三个标签，分别是"毕业后""千图计划"和"官博"。"毕业后"项目是"偶像应援计划"项目设置中最为核心的部分，主要呈现的是合作案例和公益成果，以及联系方式。而"千图计划"主要呈现的是图书室项目的具体细节，以及申请图书室的方式。这两者的相互结合共同形成了麦田计划这个组织的对外形象。微信公众号是与外界交往的一种窗口，在信息传播的过程中也宣传了组织的文化和经营理念，"不同形式的信息内容会刺激人的不同思维，使得信息更容易被人所吸收"。

从阅读量的统计来看，公众号在菜单中出现的文章都达到 5000 多次，在公益类公众号属于非常不错的成绩。而且公众号文章留言区有不少评论，说明和关注者有良好的互动性。这些互动无疑让更多人参与到"偶像应援计划"项目。

三、新媒体环境下公益传播渠道的发展策略

中国互联网络信息中心（CNNIC）发布的第 41 次《中国互联网络发展状

况统计报告》显示，截至2017年12月，我们网民规模达7.72亿，互联网普及率为55.8%，手机网民规模达7.53亿，网民中使用手机端上网的人群占比达超过97.5%，网民上网设备由电脑向移动端集中。随着互联网的发展，简单化和平民化的公益活动相较于大型的公益事件，更加符合当下受众的生活状态。

而相较于互联网在其他领域的发展情况来说，在公益传播领域则显得过于"小众化"。在"慈善+"2016跨界公益论坛上，徐永光接受采访时指出，在互联网信息化和运用方面，中国公益组织中只有42%有自己的官方网站，能够在去信息化和去互联网环境下生存的行业，说明与市场并没有很好的对接。

关于在新媒体环境下公益项目如何做好长远发展战略，我们试图通过研究"百强社会责任偶像应援计划"公益项目，总结出合适可行的传播渠道。

（一）运用微博和微信公众号进行话题的"议程设置"

作为大众传播的重要社会功能和效果之一，议程设置理论最早见于美国传播学家唐纳德·肖和麦克斯威尔·麦克姆斯于1972年在《舆论季刊》上发表的一篇论文，题目是《大众传播的议程设置功能》。

在20世纪70年代，美国传播学者麦克姆斯和肖通过实证研究发现，公众对社会公共事务中重要问题的认知和判断，与传播媒介的报道活动之间存在着高度对应的关系。传播媒介给予的信息强调越多，公众就越重视。在此基础上，传播媒介通过议题的不同设置，公众关注的焦点和对社会环境的认知产生着影响。

该团队通过微博发布话题——"百强社会责任偶像应援计划"。随后，各大粉丝应援站和粉丝群体都立刻参与转发，提升话题热度，同时吸引更多明星粉丝团体的加入，这样的传播模式使项目在粉丝圈内得到更好的推广。目前，该话题阅读量为349万，讨论数为3万，并在持续迅速增长中。各明星粉丝团体负责人都会按照既定流程发布图书室的筹建计划，说明书籍的捐赠标准和运输事项，并发布博文对网友的捐助情况进行列表公示，加深公众对该项目的信任程度。粉丝团官方的博文发送之后，其他负责人也不断进行传播，甚至会被偶像转发，这样项目知名度便在整个粉丝群体内迅速扩散开来。以这种方式进行话题的"议程设置"，在很多时候都可以减少项目的预算费用。在这样迅速的传播之下，一个公益图书室从发布募集至完全建成，最短只需一周时间。这在以往，是许多传统公益团体十分费力才能达到的目标。"粉丝的凝聚力太强大了!"毕业后公益图书室的创始人刘楠鑫在我们的采访中感叹道。

微信公众号的推送可以方便用户随时分享到朋友圈。如果说微博话题主要是粉丝团体关注的话,那么朋友圈便是能够将公益图书室项目宣传到非粉丝人群的绝佳阵地。毕业后公益图书室的公众号也承担着与微博截然不同的功能。他们在微博上发文通常是公告类型,无法承载大量图片,而公众号上图文并排的模式使文章的可读性大大提高,因此十分适合发布宣传与总结性的长文,其内容上比微博更加详尽。其推送的文章主要涉及明星图书馆的建设情况、明星的支持与祝福、粉丝团采访、毕业后团队的活动资讯,其中也不乏一些温情的人物专访、心路历程。每周都有3~5篇这样的推送文章,并且都有专人负责,包括采访、排版、编辑等,是一个用心维护的公众号,每篇被推送文章字里行间透露出毕业后团队十足的诚意。这些推送文章不仅展示了团队的努力成果,并给热心人士交上一份满意答卷,也体现了团队的精神和追求,从而增加了团队吸引力。这就解释了为什么在无偿招募的情况下,也有源源不断的简历投送至该团队。因为这是一个有温度、有希望、有魅力的团队。

(二) 注重公益项目的社会效益和长尾理论

长尾理论是由美国《连线》杂志主编克里斯·安德森首次提出的,他告诉读者:商业和文化的未来不在热门产品,不在传统需求曲线的头部,而在于需求曲线中那条无穷长的尾巴。长尾理论在网络时代得到了新的发展,谷歌、亚马逊等都是成功的"长尾"公司。人们越来越发现,过去常常被忽略的"尾部"远比想象中长,"尾部"所产生的效益总和常常大于"头部"所创造的经济利益。

公益事业在我国的发展时间短暂,是偏冷门的行业。在长尾理论中,如公益事业的位置处于"尾端",也会是一个拥有蓬勃生命力的新兴产业。

公益项目的社会效益是指项目在实施后对社会所做的贡献,同时也被称作外部间接经济效益。社会效益有广义和狭义之分,广义的社会效益包括政治效益、经济效益、思想效益和文化效益等。公益项目是公益传播中的主要载体和核心元素,在实践的过程中,其产生的社会效益与推广方式有着密切的联系。

"百强社会责任偶像应援计划"的推广目的在于调动粉丝的力量,放大闲置书籍的价值,让更多的孩子有书看。这是一条非常长的"尾部",粉丝的人群分布比固定的公益团体更加分散和广泛,是真正出自老百姓的源源不断的力量。毕业后公益图书室已经与上百家粉丝站确立了合作关系,这其中除了明星外，甚至有"许墨"这样的虚拟偶像的粉丝站，而她们选择合作大多是为了应援明星的生日。随着正能量应援模式的推广，可以预见未来会有更多的粉丝站参与其中。而毕业后团队本身在项目的建立、人员的安排和志愿者的招募上越来越规范化，来自粉丝的爱与力量更是星星之火，这些力量的汇聚有望掀起全民公益的浪潮。

（三）"明星+粉丝+公益"创新模式的无穷力量

自从2008年中国慈善榜增添了国内第一份慈善明星榜单后，明星公益行动越来越受关注。粉丝应援曾被称为"贡品文化"，粉丝公益应援现象在国内潜移默化，并且已经做得非常有声有色。"明星+粉丝+公益"，创新形式打造公益新IP。

由于互联网的广域性，粉丝经济被广泛地应用于文化娱乐方面。商家为了达到盈利的目的，通常会借助一些平台，聚集更多的粉丝，提供更加多样化的商品和服务，促进消费。从传播学角度来说，明星效应主体相当于意见领袖。

意见领袖的理论起源于拉扎斯菲尔德和卡茨的两极传播理论，他们在大众传播效果的形成过程中起着重要的中介或过滤的作用，由他们将信息扩散给受众，形成信息传递的两级传播。

明星效应与粉丝经济的有效结合，在公益项目中具有双重的作用：一方面，维护明星本身的外界形象；另一方面，使公益项目能够得到很好的关注和推广。所以，很多公益项目在推广初期都会找明星群体代言。明星本身就是"移动的广告"，拥有强大的号召力，用榜样的力量鼓舞着粉丝去了解和关注公益事业，培养公众的慈善观念。粉丝的应援活动常体现着明星的价值取向，而做公益是一个真、善、美的选择。因此，粉丝也十分愿意以参与公益的方式应援偶像，既为偶像争光，也为"追星族"正名，许多人也在参与的过程中真正爱上了公益。以小爱，聚大爱，传递偶像正能量，以实际行动改变世界，多方受益。

"百强社会责任偶像应援计划"并没有固定请一两位明星代言，而是直接用一场活动向所有粉丝团体敞开大门，通过直接与明星粉丝应援团队联系来推进公益项目。比起传统的先联系明星，再由明星向粉丝宣传的途径，这种新方法能得到更加快速的援助。因此，该活动所涉及的面、所汇聚的力量比常规代言要大得多，并且网络宣传途径使他们省下了一大笔费用。毕业后公益图书室团体选择了一类十分具有行动力和生命力的合作对象，这种新兴的、多赢的合作方式是十分值得同行借鉴的。

粉丝经济推动公益项目的发展在时下成了一种流行的方式,并且这些粉丝团体已经初成规模、分工明确、账目清晰,甚至比许多公益团体做得好,实力不容小觑。他们参与的公益形式多样。一般的公益团体可能限于一个领域发展,而粉丝公益形式并无限制:从资助贫困生上学、建书屋、捐校服、建操场,到种树、修路、助养濒危野生动物等。这些年轻群体创意百出,不落窠臼,是公益领域内独特的生机勃勃的力量,为公益参与者提供了更广阔的视野,看到了世界上需要帮助的更多方面。

本节参考文献:

[1] 白鸽. 慈善组织微信公众号的传播策略分析 [J]. 新闻知识, 2016 (9): 69–86.
[2] 郭玮. 公益活动中"明星"传播模式分析 [J]. 新闻世界, 2010 (9): 130–131.
[3] 蒲晓琪. 微公益发展现状及其未来发展对策研究 [J]. 太原城市职业技术学院学报, 2013 (9): 6–7.
[4] 施文洪. 以公益提升公信:媒体开展"互联网+慈善"的载体创新和现实意义 [J]. 中国记者, 2016 (7): 96–98.
[5] 吴红燕. 麦田计划组织公益项目的传播渠道研究 [D]. 南宁:广西大学, 2017.
[6] 张艳伟, 王文宏. 新浪微博中公益传播主体的特征研究——以国际公益组织绿色和平为例 [J]. 新闻世界, 2014 (2): 150–152.

第五章　平台支持型公益领域的公益传播案例

近年来，公益创新服务及产品层出不穷。这不仅促进了公益服务本身的可持续发展，也为大众参与公益提供了多样化的选择和良好的参与体验。中国互联网络信息中心（CNNIC）发布的第39次《中国互联网络发展状况统计报告》显示，截至2016年年底，32.5%的网民曾通过互联网参与公益慈善行为，规模达2.38亿元。"全民公益""公益日常化"的概念逐步普及，全民性、日常化的"微公益"成为趋势。

与此同时，通过互联网公益平台衍生的新型公益模式日益发展成熟，在很大程度上丰富了公益行业运营的模式。公益活动向互动与合作的跨界形式发展，互联网产品思维、用户体验、服务设计等新兴理念为公益服务提供了全新的思考维度。公益咨询与支持类机构组织蓬勃发展。本章主要以三家典型的公益组织机构为例，介绍分析公益咨询机构的存在与发展状况。

第一节　公益咨询机构概述

一、公益咨询机构简介

公益咨询机构是指为企业、社会组织或者政府提供公益领域咨询服务的机构，或者在此基础上外延一些其他的业务。目前，对公益咨询机构尚未有明确的定义，认可的比较多的是公益咨询机构业属于社会企业。

俞可平认为，社会企业是以公益行社会服务为主要目标的企事业单位，运用市场手段解决问题，创造社会效益与经济效益共赢，体现社会创新理念的新型组织形式。以社会企业的角度看，公益咨询机构具备咨询公司的业务功能，运用商业工具和方法，解决公益领域事务，且自负盈亏，目的是促进公益事业的发展，实现社会价值的创造，不具有明确的营利性。由此可见，公益咨询机构被认为是社会企业是有一定理由的。但从宏观上来看，其在社会创新理念上的体现与杭州绿康老年康复医院、益宝计划等商业模式不同，他们更多的是沿用商业领域的咨询来解决公益问题，也在此基础上进行符合自身使命的公益创新。

二、中国公益咨询企业的历史沿革

中国公益在环境发展变化上、市场需求上，给予了公益咨询机构这类社会企业产生和发展的空间。

（1）民间公益力量。2008年被称为中国的"公益元年"，汶川地震发生、北京奥运会成功举办的2008年，是我国公益事业全面发展并迅速壮大的时期，尤其是在筹备北京奥运会的8年时间里，志愿服务实现了质的飞跃。

（2）国家政策。2016年，《中华人民共和国慈善法》颁布，在发展慈善事业，弘扬慈善文化，规范慈善活动，保护慈善组织、捐赠人、志愿者、受益人等慈善活动参与者的合法权益，促进社会进步，共享发展成果等方面提供了一定的法律保障。

（3）社会企业有市场的需求。在市场失灵的情况下，市场与公益表现出不同属性、不同特征的营利与非营利组织不相容的两极，两者之间很难找到折中之道，双方存在芥蒂，难以触及对方。此时，社会企业家/社会企业以其市场经验和创新能力，不仅在市场竞争中有其立足之基、发展之本，也成功地在市场竞争中找到了可作为公益事业经营并不断拓展的增长点。

（4）三方受众的需求。公益咨询机构是基于公益组织、企业公益、政府的需求及其自身能力、资源等的有限属性等原因（无法独立完成或由多个主体联合现实）产生的。公益咨询能给涉足公益的各个主体带来有效资源整合、变通的个性化定制和基于专业性的创新表达。

三、中国公益咨询行业概况及代表机构

目前，我国从事公益咨询行业企业、组织的主要有博源拓智公益咨询、美好社会咨询社、恩派公益咨询事业群、舜益公益咨询与和众泽益等。具体如表

5-1所示。(和众泽益将在下文详细分析,本表不再赘述)

表5-1 我国公益咨询行业的代表机构

企业名称	成立时间	内容	特色	愿景/使命	活跃地区
美好社会咨询社（社会企业）	2008年	为社会组织提供战略规划、品牌推广、筹款、项目设计、人力资源和资产管理等；企业资助社会组织购买服务、鼓励企业员工参与公益咨询、进行研究合作等	中国首家支持专业志愿者为社会组织提供管理咨询服务的社会企业，重点服务在社会组织	更美好的社会，更美好的我们。汇聚、引领、发展专业志愿者为公益事业提供咨询与研究服务，通过构建社会支持体系助推社会发展	主要在北京
恩派公益咨询事业群（公益组织）	2006年	为政府设计解决方案、为企业探索更低成本的路径参与社会公益事业、为发展转型期的非营利组织规划可持续资源再生平台	事业咨询群是恩派的其中一个业务板块，还包括创业、建设、投创基金。建立"孵化"项目，鼓励公益创新	以更加睿智的解决方案提升社会公益资源投放和使用效能，致力于提供更高效并具有高附加值的公益资金投放全流程管理解决方案，以解决社会问题为目标，共创社会影响力	形成了以北京为中心，辐射华北、华东、华南、西南四大地区的业务平台
舜益公益咨询（社会企业）	2006年	调查研究、咨询、项目评估和捐款管理、教育	由中国和美国的年轻专业人士创建，具有双语团队	协同共创中国公益美好未来	北京、广州、上海（总部）、昆明

续表 5-1

企业名称	成立时间	内容	特色	愿景/使命	活跃地区
深德公益（社会企业）	2011年	独立评估、项目咨询公益创投、国际合作	创始人和管理团队曾在咨询公司任高层，商业思维突出，工作经验丰富，具有战略投资方面的服务，有海外境外业务	致力于打造发展中国家公益的执行效力。我们通过评估、咨询、筛选、投资等手段，服务于社会性企业、非营利机构及各类社会投资者	上海、广州、北京、深圳、陕西等，还有国外地区

总体来看，公益咨询机构是商业和公益的结合，发展距今已有7年以上的时间。他们都围绕咨询、研究调查业务开展，在一线城市都有布局。与大多数社会组织的人员构成不同，他们都具备各领域的专业素养人才，主要集中在咨询方面，都致力于推动社会价值的实现。

不同之处在于，不同的机构根据自身人员的优势开展不同的业务，如深德公益，其公益创投业务更偏向商业，而舜益公益咨询，其资金链的涉足并不多。不同机构咨询业务的对象有不同的偏向性，如美好社会咨询社集中为社会组织服务，而恩派公益咨询事业群的服务对象则更为多元，业务较广。

第二节 和众泽益公益咨询机构的受众分析

一、和众泽益的简介

和众泽益志愿服务中心于2010年成立，是中国领先的志愿服务支持与咨询机构（volunteer consultancy）。和众泽益由咨询服务、社区建设、研究院、

"志多星"和志愿服务基金会五部分构成。对比一些同业机构，和众泽益所做的志愿服务咨询在国内较少，具有品牌的差异化定位；而在全球范围来说，志愿服务更多的是非商业模式。因此，和众泽益这样的商业发展模式是比较创新的。咨询服务是和众泽益很重要的商业模式，不仅帮助其实现收益、解决生存问题，也在咨询过程中给服务对象带来影响，最终实现企业使命。

社会企业具有企业和公益组织的双重属性的结合特征，强调把握好企业的精神本质、文化内涵、创新机制，因此，特别在企业人格化方面，对社会企业家提出了严格的要求。它要求社会企业家不仅能承载资本人格化的使命，承载公益人格化的重负，更要成为社会创新的先驱，在引领市场的同时引领公益，在引领市场和公益的同时引领社会创新。和众泽益的创始人王忠平博士深耕公益领域多年，积极搭建全国志愿者资源对接平台，致力于让和众泽益成为中国企业志愿服务最专业的咨询机构和最大的支持平台。王忠平人的商业触觉和社会情怀无疑为和众泽益的模式创新、发展提供战略导向的保障。

二、和众泽益的特色

对企业、政府、社会组织来说，公益咨询机构的优势体现在多个方面，而这三方也是其主要的服务对象。就和众泽益而言，其特色体现在以下几个方面。

在专业能力上，企业组成人员具有传播、公益、咨询领域背景，如前面提及的创始人王忠平博士从事公益领域的研究和实践多年，拥有比非公益领域企业、大多数公益组织甚至政府更加专业和深入的认识。加之公关、咨询公司的人才的加入，与解决目前公益传播面临的困境具有较高契合度。

从资金获取上看，社会企业自负盈亏，区别于其他社会组织，企业式运营对自身资金运营有更多自主权，不需依赖具有较高不稳定性和限制性的资金募集方式，能更好地维持自身的可持续发展。不再靠"救济"维持自己的发展，而从"造血"上下功夫。

从角色上看，和众泽益为政府、企业、社会组织服务，是三者间联系的一种纽带形式。对比公关公司，和众泽益擅长社会资源的整合，比如为企业寻找适合的地区建学校，可将其看作公益领域精细化、垂直的咨询公司。同时，它在服务过程中充当专家解读角色，给社会组织、企业传达必要的政策信息，也给政府反馈民间声音。

和众泽益的传播路径可以分为口碑传播和媒介投放。媒介投放包括在自媒体平台上如知乎、抖音建立社群，但是从粉丝数、关注度等来看，引流和流量转换效果还未凸显。和众泽益还通过线下沙龙、论坛等交流活动，以主办方、嘉宾等名义出现，增加大众媒体的曝光度和在业内的认知度。这些都为和众泽益带来业务合作的机会，是其媒介投放的一种重要方式。前两种是和众泽益"主动出击"的传播，而口碑传播更像是受众的背书，也是和众泽益目前更为主要、有效的传播途径。这是由于公益领域的圈子较小，而公益咨询领域则更小，通过受众基于其服务的认可基础进行人际层的传播，该种背书行为更具有可信度，和众泽益也更精确、更容易对接到目标受众，可以理解为是2B（Business-to-Business，企业对企业）的传播模式。和众泽益也会有2C（Consumer-to-Consumer，消费者对消费者）的传播模式，但更多体现在项目实行上，目的是需要呼吁社会大众广泛积极参与。因此，通过社交媒体的信息投放会更有效。

但是，如此一个商业和公益结合的机构、资源的汇点也会面临阻碍和限制，特别是在宏观政策下，也有不可逾越的"红线"。下文将详细分析其在政府、企业、社会组织这三个主要受众的生存环境。

三、和众泽益的受众分析

和众泽益合作和服务的对象主要有政府、企业和社会组织三类，对于不同的主体，和众泽益会有不同的策略以及相应的服务。

（一）政府

1. 政府需要公益咨询

（1）政府职能的转变需要公益助力。改革开放以来，我国的经济发展状况与社会关系都发生了翻天覆地的变化，同时也形成了多元化的利益主体和利益需求。要适应这些发展和变化，政府职能转变就成为必然。在现阶段政府职能转变的主要任务是实现由国家与社会高度同一的"大政府、小社会"的管理格局，到实行国家与社会分离，社会职能社会化，社会事务社会办的"小政府、大社会"的管理格局的转变。因此，在这样政府职能转变，社会公共事务亟待发展的背景之下，我国社会公益组织得到了前所未有的发展机遇。

另外，社会组织的发展与政府职能转变也是相辅相成的。社会公益组织与基层联系密切、了解基层实际情况等特点，从而缓解社会不同群体对政府不同要求的压力，在解决民生问题、参与社会保障、调节社会分配、促进社会和谐等方面发挥着不可替代的作用。因此，社会公益组织的发展也有效推进了我国政府的职能转变。

（2）政府开展志愿服务成效不佳。如上所述，服务型政府的转变需要更多的社会组织填补各项社会服务的空缺，尤其是在当今公益风气不佳的情况之下，公益与志愿服务项目甚至已经成为一些政府部门考核政绩的"硬指标"。然而，和众泽益于2015年所做的调查显示，一些政府部门在推动社会志愿服务方面的成效不理想，主要有两方面的体现。

一是自身能力有限。一方面，政府部门内缺少专业的从事公益或志愿服务行业的团队，同时还缺少过往从事志愿服务的经验积淀，导致政府部门的工作难。另一方面，由于人力与接触社会组织的渠道有限，政府对民间的公益组织了解甚少，以致政府难以对分散于民间的社会资源进行整合。

二是管理能力不足。近年来，政府虽然出台了大量诸如《中华人民共和国慈善法》等与公益相关的法律法规，但仍存在诸多问题亟待完善。另外，从政府对社会组织的管理来看，缺乏一套完善的监管体系。以往一些政府部门采取的是严进宽管，即一个组织一旦登记成立，除了统一的"年检"，几乎没有相应的评估和社会监督机制对其进行制约。这种管理方式不合理且效率不高，导致社会公益组织频发如"公益腐败"等问题。

2. 公益咨询的角色及其与政府部门间的关系

因此，在这样的背景之下，公益咨询组织与政府部门的合作便水到渠成，公益咨询组织能够开启巨大的社会资源网络并能将分散于民间的社会资源进行整合，以满足其多样化需求，减轻了政府的一些负担，同时也能为政府部门提供相应的策略，以及专业领域上的指导，从而推动政府职能体系逐渐趋于合理。以和众泽益为例，它与政府部门之间的关系可以概括为以下三个角色。

（1）设计师。和众泽益会对各政府部门的公益服务的开展进行专业的咨询与顶层的规划，通过自己专业的团队来为不同情况的地方政府部门的需求制订方案。例如，从宏观上看，和众泽益可以帮助政府部门制定详细的顶层规划，打造规范化和全面化的志愿服务体系，并根据当地的政治经济条件，创新全民共建参与社会治理模式，让更多的社会人士能参与到社会治理中。从微观上看，和众泽益可以为当地的公益创投提供专业化的指导，帮助相关政府部门筛选出高质量的公益项目，并进一步将其完善，以更好地服务于社会。

(2) 智囊团。在政府部门的支持下，和众泽益与各高校、研究机构等共建了社会研究院，为政府开展众多与社会组织有关的研究类项目。自 2013 年起，和众泽益每年都会发布《企业社会责任报告》，对当年的企业社会公益行动进行总结。同时，和众泽益还出版了《中国社会组织志愿者调查报告 2015》《中国企业志愿服务十大发展趋势 2016》等多项调查报告以及《志愿服务管理理论与实务》等教材以指导社会组织管理和评估。而这些报告往往会和新浪微博、《南方周末》等媒体合作，得到更进一步的传播。另外，相关政府部门也会邀请和众泽益的专业志愿服务工作业务负责人，为社区以及社会公益组织的志愿者进行专业化培训，以提高各组织在公益志愿服务方面的管理水平及实践操作能力，这样的公益培训在提升社会组织专业能力的同时，也是在帮助政府更好地管理社会组织，以提升社会整体公益志愿服务的能力。

(3) 合伙人。在政府与企业、社会组织当中，和众泽益往往承担起桥梁的作用。以 2015 年广州兴起的城市文化传播项目"青年绘"为例，其最早是由团市委依托志愿服务广州交流会设立的公益项目，在和众泽益的努力之下，有越来越多的社区以及热心公益的青年加入其中，并获得了广州市第四届社会组织公益创投资助，在充分调动了更多人加入公益文化传播的志愿行动的同时，也通过青年力量营造文化氛围，传播城市文化。除此之外，和众泽益承办了许多公益大赛，帮助地方政府挖掘新秀，激活公益行业，通过标准设立等引导行业的动向，都是与政府合作共赢的体现。

3. 面临的主要困境

从总体上看，近年来政府与和众泽益的合作虽然取得了不错的社会效果，但是由于政府部门的职能转型尚在探索阶段，而公益咨询行业的体系尚未成熟，因此，这之中也存在着诸多困境。归根到底，就是政府部门职能转变与社会公益组织发展易呈现不协调状态。

当社会公益组织发展过快，政府部门职能转换相对较慢时，快速成长的社会公益组织可能会在某些领域影响政府的统筹协调工作，会遭到来自政府的限制，也不利于政府职能的转换。一方面，由于当今社会变迁异常迅速，思想与舆论空前活跃，一些公益组织的理念往往过于激进而与一些政府部门的观念存在冲突。另一方面，由于许多社会组织有着外国资本的支持，而志愿者活动的举办往往涉及大型的集会，因此，对于以社会维稳作为基本职能的政府部门而言，许多公益活动往往容易遭到反对。

当社会公益组织发展过慢，一些政府部门的职能转换相对较快时，社会公益组织又无能力去承担。就目前而言，我国社会组织的发展仍是十分缓慢的，大多数组织缺乏专业化的组织架构和高质量的公益活动，发展良莠不齐，一些政府部门将社会服务寄托于社会组织也会导致所提供的社会志愿服务质量低下等问题。

（二）企业

1. 企业需要公益咨询

（1）企业社会责任的履行是必要而且值得的。改革开放以及市场经济体制确立了企业作为市场交换和市场竞争的主要参加者的原则，在很长一段时间内，企业以追求经济利益和企业利润最大化为目标和发展基础。而随着经济的不断发展，随之出现的是一系列新现象和新挑战。

企业深入参与社会和经济分工中，与周围环境形成了复杂而多样的联结，并与各个组成部分互动，相互影响。利益相关者理论是这一现象的产物。它要求企业重视对企业战略和可持续发展能力产生直接或间接影响的各个相关利益者，除了传统的股东，还包括政府、媒体、员工、供应链各个环节、社区和环境等。利益相关者理论挑战了传统的股东利益至上的企业心态，揭示了利益相关者在不断地将不同的期望和要求施加于企业上的现实趋势，进而要求企业开始重视自身与环境的和谐和共同发展，妥善地处理和维持与各个利益相关者的关系，将承担责任纳入企业的长期或者短期的发展战略。

除了外部的驱动，企业自身也越来越将承担企业社会责任视为竞争力的重要组成部分。在物质日益丰富、市场上的同类服务和商品越来越多的现代社会，人们的注意力是一种稀缺的资源，如何吸引人们的注意力，进而影响认知，引发态度和行为的改变，是企业一直在追求的目标。除了常规的营销，需要投入相对长的时间、相对多的物质资源的企业社会责任建设也逐渐成为一种虽然缓慢但是被证明是可以改变人们态度和评价的方式，它成为企业竞争力的重要源泉之一。

综上所述，企业社会责任的履行是必要而且值得的，但是事实是，不是所有的企业社会责任实践都可以达到预期的理想效果。

（2）企业社会责任实践任重道远。一方面，中国本土企业没有一定程度历史发展的有效积累，在短短几十年间要完成一种企业意识和企业自身定位的转变绝非易事。从企业的上层管理者到下层员工，都对企业社会责任的概念和内涵缺乏深度理解。有的企业一直以来漠视企业社会责任，有的企业以政府的相关要求和政策文件为指导,诸如扶贫、环保等领域出现了大量、同质化的企业社会责任实践,有的只是将企业社会责任当成是提高企业形象,增加企业利润等经济目标的附属。

另一方面,企业进行相关实践的能力和可利用的资源都相当有限。研究证明,相比起随意、短期的实践,与企业品牌和所处环境定位与发展战略相适应、系统而可持续的企业社会责任可以最大限度地带来社会效益和经济效益。而本土企业往往缺乏相应的人才和管理技术来进行整合传播;跨国企业则面临这本土化的挑战和困境。

2. 公益咨询与企业间的合作与服务

和众泽益主要为企业提供以下服务和合作。

(1) 提供项目咨询规划。这包括促成单个项目活动的落地实施或长期的战略制定,也包括参与相关企业社会责任实践活动的全过程和全方面或相关复杂的实践中的其中一部分或一个环节。结合对企业的调查,和众泽益会提供企业相关实践的前期计划制定、资源对接、协助落地、传播规划、后期反馈效果评估等。另外,因为和众泽益同时向多种主体提供服务,所以,促进不同主体间的信息交换和资源互补也成为和众泽益的竞争力之一。如和众泽益志愿服务中心与辉瑞进行合作,组织辉瑞"为爱出发"志愿者走进北京、上海、广州三所教育资源比较贫乏的学校,为同学们上食品安全趣味课程,同时进行活动的传播策划。

(2) 志愿者培训。为了推进相关实践的实施,也为了促进公益和志愿精神的传播,和众泽益运用自身的专业优势为企业进行志愿者培训,包括观念和技能两方面。这既包括了长期的志愿者培训,也包括了短期的活动培训。

(3) 组织行业交流与研究。和众泽益会定期组织或推动企业志愿服务论坛、交流沙龙、企业公益志愿活动颁奖、发布研究报告等,促进企业之间的交流和资源对接。如评比"2017年北京企业志愿服务十佳企业志愿服务"项目、发布《中国企业志愿服务发展报告》等。

(4) 促成企业志愿服务联盟。基于相互交换信息和促进资源互补的需要,在企业间形成企业志愿服务联盟是一种良好的尝试。

3. 面临的主要困境

(1) 不同企业的差异程度较大。不仅外企和本土企业有不同的历史积淀和目标,本土企业也因为各种原因对企业社会责任的认识和承担能力相去甚远。一部分外企严格区分企业社会责任和广告营销,以至于拒绝进行大规模广泛的传播；一部分本土企业只追求经济目标，以曝光率和宣传度为主要指标，出现公益"公共关系化"的现象，与公益咨询公司的社会目标互不兼容，不利于进一步的合作；一部分本土企业只考虑短期效益而忽视长期战略规划等，这都给和众泽益的业务开展带来挑战。

（2）如何与企业品牌和企业战略达到较高的契合度？当企业社会责任与企业品牌和企业业务相契合时，社会实践可以发挥最大的效益。因此，企业应该试图打造企业社会责任品牌，形成一个可持续的系统。但是，一方面，很多企业甚至都没有形成企业品牌观念，更遑论与企业社会责任的契合；另一方面，如何促成与企业品牌形成高契合度，利用企业已有的业务能力和资源，在推动社会问题的解决的同时，继续深化企业品牌和企业形象，是和众泽益以及其他公益咨询公司都在不断探索的。

（3）如何打破同质化困境，提高创新能力？在当前，以政策为导向的中国企业的相关社会实践同质化程度相当高，如何在一众实践中进行创新脱颖而出，提高企业竞争力也是公益咨询公司在不断努力的方向。

（三）社会组织

1. 社会组织需要公益咨询

（1）能动性不足。一方面，政府部门需要社会组织作为与社会沟通的桥梁，并减轻政府部门工作的负担；另一方面，社会组织是弱势群体的"保护伞"，也在一定程度上成为社会公平的"代名词"。但由于社会组织和政府部门之间的这种"利益契合关系"，往往导致政府在权力格局上占主导地位，这让社会组织在发展过程中面临着巨大的压力。

（2）行动力不足。首先，社会组织的人力资源管理面临着困境。社会组织人力资源专业化程度不高，表现远未达到专业化所需要的"特殊技术、专业伦理、组织机构、社会认可"的要求。社会组织从业人员学历和实际工作水平较低，多数没有接受过系统的社会工作专业教育，工作手段和方法比较落后，无法有效应对和解决新的、复杂的社会问题和多样化的社会需求。

从微观层面来看，社会组织的人力资源管理和运行体系存在着许多缺陷和不足。社会组织大部分是以价值观为核心的，然而，其价值观和组织文化引导受制于社会组织管理者的态度、实施方式选择等关键因素，社会组织的员工在较大程度上忽略了社会组织的价值观和文化因素，这直接导致员工的职业认同度低，导致社会组织运行效力下降，也成了社会组织的最大困境。

社会组织在运行时，在培训开发、绩效评价和薪酬管理等模块都面临着诸多困境。大部分的社会组织还没有建立起完善的员工培训计划，培训内容也主要集中于专业技术和沟通技巧及工作任务，但较少涉及社会组织的价值体系和战略使命。这导致员工在提供服务的过程中，很难确定和甄别什么是对的、什么是错的，什么该做、什么不该做。社会组织的价值取向获得员工的认同和内化，在社会组织员工培训与开发中并未受到重视。在绩效评价上，社会组织不同于营利性组织，一方面，社会组织的产出大多不能被直接量化；另一方面，员工的绩效还要涉及价值的判断，社会组织员工的绩效管理是理论界和实际操作中的一个难题。在薪酬管理上，由于社会组织作为公益性组织不能进行利润分配，限制了社会组织员工薪酬的弹性和灵活性，员工的薪酬偏低。

其次，社会组织的新媒体信息技术应用能力有待增强，民间公益组织传播能力的不足则深深影响了其自身的能力建设。一方面，民间社会组织没有获得公益技术支持、组织内部缺少专业技术的人才，阻碍了新媒体环境下组织传播能力的提升。另一方面，民间社会组织对其自身传播能力的重视程度不够，缺乏阶段性组织传播策略与规划，阻碍社会组织在政府、公众、服务对象方面的形象建构。社会组织的传播能力直接影响到它的财力、人力资源以及品牌化建设和公信力建设；同时，传播能力不足也阻碍了其与利益相关者的有效沟通与互动。

最后，受社会组织的规模、财力、传播水平的影响，社会组织的资源分配是不均匀的，但社会组织由于沟通、传播、协商等的成本较高，难以和其他组织进行合作，达到共同提供社会服务、共同提升组织能力的目的。一方面，规模小的社会组织难以获得人力、财力的支持，在员工培训、薪酬管理等方面面临巨大压力；另一方面，社会组织间缺少交流沟通的平台来提高社会组织的资源利用率。

2. 公益咨询与社会企业

（1）要提升社会组织的能力，除了社会组织自身要加强传播能力、提高员工水平、加强人力资源管理，还可以借助枢纽型社会组织的力量，从项目、培训、管理等方面获得支持。而合众泽益在社会组织中正是充当这样的角色，将已有的资源转化成公共资源，让它们能得到集中共享，从而推动社会组织的发展。

（2）和众泽益帮助公益组织与合适的社会项目对接。一方面，社会组织由于接触到的社会资源有限，可能无法找到合适的社会项目；另一方面，政府对社会组织的了解程度有限，当需要向社会组织购买服务时，可能无法找到最合适的承接者。和众泽益在其中充当一个再分配的角色，为社会组织和服务项目进行对接匹配。

（3）通过各种培训与研修项目支持社会组织的能力建设。和众泽益会开展定期或不定期的培训，以帮助社会组织提高自己的能力，如2017年8月1—25日期间，在福建省先后组织了三期志愿服务培训；北京朝阳区建立低、中、高三个级别的培训体系，按基础课、技能课和专业课的维度建立课程，在全区范围内供各街道志愿服务负责部门结合各街道需求进行菜单式选择。

（4）通过公益创投项目提升民间公益组织的能力。公益创投是和众泽益给予民间公益资金支持的主要方式；同时，公益创投项目也是推动民间公益组织能力提升的重要途径。从2015年起，和众泽益先后两年承接了小微志愿服务项目支持计划大赛的总督导与评估工作，并为其制定了指导手册、工具包、案例集等技术支持性服务产品，评选出100多个公益、科学、可行、可持续的优秀社会项目，并对它们给予包括资金、物资、督导、财务指导等方面的支持。

（5）通过发起公益论坛（年会、峰会等）提升民间公益组织的能力。2017年4月，和众泽益上海办政府事业部组织天目西路街道公益联盟成员，举行了2017年第一季度工作例会，介绍项目进展、工作计划和遇到的困境，从专业角度在理念创新、痕迹管理、财务管理、品牌宣传几个方面为大家提出了建议，并联手各社区性社会组织联合会开展以能力建设为核心的培训。

（6）和众泽益与民间社会组织信息交流平台的建设。和众泽益联合全国40多家行业内平台枢纽机构发起中国首个民间志愿服务全国联盟网络——中国民间志愿服务联盟。该联盟通过搭建全国志愿服务供需对接平台，提升社会组织志愿者管理水平和能力，培育和推广志愿服务文化。

3. 面临的主要困境

（1）接受培育的对象有限。尽管和众泽益设置了各种类型的公益人才培训计划或项目，但实际上仍有大量的公益组织不能接受培训。除了资金短缺外，还有时间、信息获取能力等方面的因素。许多民间公益组织尚未实现职业化运作，组织的核心成员都是兼职从事公益活动。即使其有财力负担有关费用，也没有时间和精力参加研修班的学习。对于远离培训地点的民间公益组织更是如此。此外，受社会组织自身的规模、资金、制度、理念等的影响，许多社会组织并没有意识到需要通过更加规范和专业的培训及帮助来提升自身的能力。

（2）社会组织的公信力问题。公益诚信问题直接关系到公益事业的健康发展与中国公益事业在国际上的地位和声誉。一旦大型的社会组织出现公信力问题，会直接影响到人们对规模较小、非政府扶持的社会组织的态度与看法，进而成为社会组织利用社会资源提供公众所需的社会服务的阻碍因素。

（3）个性化的培训以及培训效果的评估。民间公益组织所需要的培育是多方面的，其中组织的战略选择、先进公益理念的倡导、组织能力的提升、组织的制度建设是最为重要的，这些问题的解决需要和众泽益的长期跟进和介入。目前，和众泽益的培训方式以集体培训为主，培训的内容的制定是以各社会组织的共同需求为导向的，以案例分析的形式来呈现，并且特别注重实操性。尽管如此，特定的社会组织在面对某些具体问题时，通常不能得到系统性的解答。此外，由于和众泽益对自身的定位是"以咨询为主"而非"以培训为主"，在培训后，和众泽益并不会跟进社会组织的培训成果，也不会对自己的培训效果进行评估。因此，和众泽益难以衡量自己的培训对社会组织的有效性及不足之处。

四、总结与建议

和众泽益作为一家公益咨询社会企业，其特点总结来说可以分为以下三点，也是其成功的关键点。

第一，垂直领域的聚焦。就目前来说，和众泽益聚焦在志愿服务上，其服务的是比较细分的领域。和众泽益最早做企业志愿服务，后来扩充到大的志愿服务领域，这与创始人的前瞻性有很大关系，从一开始的精细市场聚焦到做一些延伸，聚焦在志愿服务领域，也因聚焦而创新。

第二，模式上的优先。目前，商业和公益的结合比较创新，和众泽益通过商业手段，没有依靠政府资助、筹款等，这样反而会限制他们的筹款。

第三，机构运营可持续性。和众泽益在追求可持续发展方面进行了多方位的探索。如果商业模式、领域有需求，那持续创新也比较重要。从企业志愿服务到政府层面的大志愿，包括2017年尝试的互联网和志愿者的结合——志多星——志愿服务基金会的创立，和众泽益都在大胆谨慎地用其专长探索实践新领域，通过谋求多方的合作达成组织使命。

金·阿特洛绘制的可持续性发展光谱图展示了各类组织形式的融合和趋

同：也就是传统社会组织与传统营利企业在社会变革环境下，尽管最初目标有所差异，但是为了实现"可持续发展"，两种不同的形式最终还是向中间状态的"社会企业"或者"社会负责型"企业靠拢。从和众泽益的模式和其受众之一企业的发展来看，我们似乎从中看到一些这样的迹象，双方都在达成一个最终的共识——推动可持续发展，且社会的可持续发展是经济可持续发展的推动力。因此，公益咨询机构的产生与发展，是其自身的积极探索和推动，也是受众认知的进步的结果，是能力与市场需求匹配的结果。

但这个图谱似乎没有考虑政治的力量，这跟其产生的土壤——西方社会公益归属民间有关。回归到我国的环境，政府部门职能的转变、倡导共治共享社会等，让民间公益有了更多的发展空间。一些政府部门"放手"的同时需要有人接力，而公益咨询机构可化身为民间"智囊团"，在一定的精细化、垂直的公益领域出谋划策。

这幅由三部门携手共同推动的社会发展宏图当然美好，但现实中总会面临许多困境，无论在社会、市场，还是政府领域。公益咨询机构成为社会和市场的融合体，是千万股往社会方向发力的力量之一。我们希望看到各方的共同努力，例如，政府方探索管理登记体制的改革和创新、拓宽社会企业的资源来源和空间等，能够推动社会企业的创新、发展，最终推动公益在民间更好地发展。

本节参考文献：

[1] 陈岳堂，胡扬名. 政府职能转变与社会公益组织发展 [J]. 湖南农业大学学报（社会科学版），2007（6）：121-123.

[2] 董军. 政府职能转变背景下的公益组织问题研究 [N]. 山西党校报，2015-12-25（S3）.

[3] 王名，朱晓红. 社会企业论纲 [J]. 中国非营利评论，2010（2）：1-31.

[4] 杨晓曦. 政府与社会公益组织间互动原因研究——以河南省J志愿者协会为例 [J]. 北京航空航天大学学报（社会科学版），2015，28（3）：44-50.

第三节　米公益平台三角利益协同机制研究

一、米公益的简介

米公益是国内首个移动互联网公益平台，它将富有趣味性的公益体验与移动互联网相结合，这使得随时随地做公益成为可能，大大降低了个人做公益的门槛。同时，这也得益于米公益创新的公益环流模式，成功帮助公益组织缓解了公益项目"难筹资、难宣传、难透明"的三难情况，又给予了以企业为主的捐赠方更多的公益实践的机会。

（一）平台运作概况

用户可通过一系列活动赚取"米粒"，作为公益筹资的虚拟形式，如通过运动、学习趣味知识、起床签到，以及和亲朋好友沟通的四个健康小功能。这些功能融入用户的日常行为之中，旨在激励用户成为"更好的我"，有助于促进用户多方面的自我成长。同时，个人参与公益借助虚拟的公益货币，而不受经济制约，极大地降低了公众"赚米"的门槛。用户赚取的"米粒"可以兑换企业或基金会的公益基金，捐赠方则根据一定的标准配捐完成公益项目，引导更多的捐赠资源流入公益行业。另外，企业在选择捐献项目的过程中有较大的选择空间，可根据其行业性质、产品属性及企业形象曝光等需求综合考虑，并通过用户互动实现企业的公益品牌传播。公益组织则能通过米公益平台获得捐献资金完成公益项目，实现组织自身的公益效能。

（二）平台项目管理

目前，米公益上的项目主要分为以下三类：其一是符合现有资助专场条件的项目，公益组织通过米公益发布的要求进行申报；其二是米公益自身（米公益基金会）资助专场支持的项目，米公益希望挖掘到创新的公益项目进行资助；其三是按照企业的诉求，在米公益的资源库中找到的合适项目。在寻找公益组织作为发起或执行方时，米公益和公益组织采取双向寻找的策略。寻找到合适的项目后，米公益上线公益项目并进行运作。

这些公益项目在米公益平台的运作是公开的、透明的，公众可以通过 App 查看项目发起方的详细资料以及此项目的调研、执行方案、物资需求等具体内容。而项目能否在米公益平台得到捐赠资金完全取决于公众捐的"米"。群体决策通过后，捐赠方才会给项目进行捐赠，这时作为协调中介的米公益就完成了匹配任务。

在项目执行过程中，执行方也必须在平台上发布项目反馈，以便公众与捐赠方监督。比如，在项目主页上，项目执行方会定期在"最新进展"栏目更新活动的进程，以图文形式分阶段告知公众项目的进展及详情。在项目有进展的时候，捐助该项目的用户也能在"动态"中收到提醒，或在"已捐项目"中点进项目主页查看最新进程。

米公益作为目前发展模式相对成熟且初具规模的新型互联网公益产品，其案例研究具有一定的典型性。因此，本次研究将从利益相关者理论、新型"三角利益协同机制"的视角着重探讨米公益如何利用涉及企业、公益组织、公益个人三类主体的互动协调机制整合公益资源，实现多方利益相关者的共赢。

二、理论模型

（一）利益相关者理论

利益相关者理论最开始来源于企业管理研究领域。早在 1963 年，斯坦福大学研究就提出了利益相关者的基本概念，指出"利益相关者是这样的一些团体，没有其支持，组织就不可能存在"（程国平，2015）。利益相关者理论正式形成的标志为 1984 年出版的弗里曼《战略管理：利益相关者管理的分析方法》一书，在书中弗里曼对利益相关者做出了明确的界定：企业利益相关者是指那些能影响企业目标的实现和被企业目标的实现所影响的个人或群体（Freeman，1990）。这些利益相关者包括股东、债权人、雇员、供应商、消费者、政府部门、相关的社会组织和社会团体、周边的社会成员等。这一理论对传统的"股东至上"主义进行了批判，为企业管理者提供了一个全面的利益相关者的分析框架。

利益相关者为我们提供了这样一个思路：组织应该追求的是整体利益的最

大化，而非某一个或某几个个体的利益最大化。这一思路亦被许多学者运用于公益领域。例如，徐雪松和任浩探讨了企业公益行为与利益相关者管理的关系；张戟晖运用利益相关者理论对我国 NPI（公益组织发展中心）的发展进行研究；蔡宁和江伶俐以中国宋庆龄基金会的助学活动为例，分析了不同利益相关者的信息需求及其信息披露质量。

通过将利益相关者理论运用于互联网公益的发展中，我们发现在"互联网+"的浪潮下，公益活动向互动与合作的跨界形式发展，传播主体和传播受众日益多元化，这些都推动着公益平台以更开阔的视野关注和整合各个重要的利益主体。

（二）米公益的利益相关者构成

曾庆香曾提出"微公益沟通传播三角模型"（见图 5-1），认为利益相关者至少应当包括四个核心部分，即公益组织、公益个人、政府和传统媒介，处于轴心位置的是动员公众参与公益活动的公益组织，公益个人、政府、媒介三方与公益组织密切合作、相互作用。

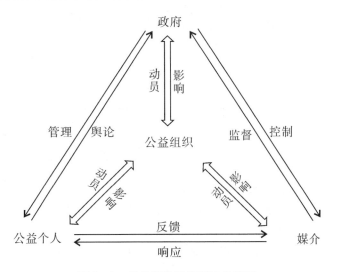

图 5-1 微公益沟通传播三角模型

尽管政府的政策调整和传统媒介的沟通影响着公益组织的行动开展，但我们发现作为一款平台型的互联网公益产品，米公益更为直接的利益方是企业、其他公益组织以及公益个人。米公益平台作为互联网公益产品，处于三者的轴心，搭建起三方连接的桥梁，充分整合各方利益，发挥所长，以促进三者的密切合作和公益效益的最大化。因此，我们对曾庆香的模型进行如下改进，在利益相关者理论的基础上提出更适用于米公益模式的"三角利益协同机制"。（见图5-2）

公益组织是微公益活动的主要组织方，对于动员和影响各个利益相关者参与公益活动起着重要作用。但对公益组织而言，上至募捐，下到救助，长长的公益链条加之有限的管理费用使得公益组织"负担"过重，需要通过动员外界资源，如寻求与企业的合作或获得公益个人的积极响应以实现社会之善。

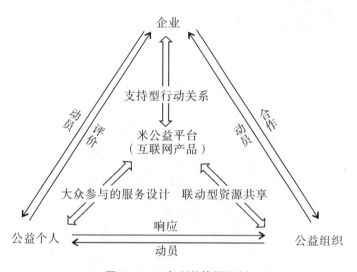

图5-2　三角利益协同机制

企业是公益活动开展的重要资源方。作为营利性机构，企业拥有更强的财力支撑，能够为公益活动提供更多更有效的资源支持。如今，越来越多的企业开始重视承担企业社会责任，希望通过独立或合作开展公益活动获得公众积极的评价，树立良好的社会形象，传播企业文化，提高品牌的名誉度和产品曝光度。

公益个人是公益参与的主体，在不同的个人动机下选择性地参与公益项目。在互联网公益的浪潮下，公益个人的力量不容小觑。一方面，个人在公益组织和企业的动员下，积极响应公益倡议，公益目标得以实现。另一方面，个人的参与意愿、参与方式和活动反馈也将对企业和组织的公益行动造成影响，改变着公益发展的趋势和方向。

三个公益主体间的两两关系体现在模型的外三角上，但我们的研究聚焦于以米公益平台为核心的内三角资源整合。三方均是米公益重要的利益相关者，他们在公益中有各自的资源优劣势，也有各自的利益。米公益平台在共赢互惠的基础上，通过"支持型行动关系""联动型资源共享"和"大众参与的服务设计"，将三者的资源进行较为充分的整合，在共同利益的驱动下实现公益产业链中的良性互动。

三、米公益与企业间支持型合作关系分析

（一）共享经济时代，企业战略慈善成为大势所趋

近年来，"企业社会责任"理念不断得到企业和社会的重视，慈善和公益行为逐渐成为企业践行社会责任的开端和优先选择。《2016 年度中国慈善捐助报告》中的数据显示，2016 年，我国全年接收国内外款物捐赠共计 1392.94 亿元。其中，企业是第一大捐赠来源，占捐赠总额的 65.20%。

在讲究资源共享的互联网时代，跨界合作、多方共赢成为各领域发展的新趋势。然而，我们发现这在企业公益层面却有点"水土不服"。有一部分企业仍保留传统的公益模式，将公益当作一种政治任务，一味地输出，而不考虑实际的公益效率以及对企业的回报。这是因为在一贯的认知中，公益与商业之间有天然的"楚河汉界"，追求社会利益和资本利益二者无法相融。但随着社会对企业社会责任在形式、内容和效果上的要求的提高，传统公益模式的弊端日渐显露。诸如企业公益资金压力大，无法有效盘活公益资源等问题，会直接挫伤企业履行社会责任的热情，导致整体公益效率低下。

当然，我们也发现不少企业开始探寻适合自己的方式，使企业慈善既具有良好的社会效益，又有经济效益。这是一种优化资源配置、获取社会资本的"战略慈善"经营理念。哈佛大学的战略大师迈克·波特曾提出，企业要找到既对社会有帮助也对企业有帮助的社会问题去投入，变被动公益为主动公益，使企业的慈善行为产生最大的价值。尽管企业已经意识到"战略慈善"理念对公益实践和企业经营管理的推动作用，但是很多企业仍旧有心无力。其中，一个很重要的原因是他们缺乏公益实践的经验，难以找到合适的渠道和项目与

企业进行匹配；也容易单纯利用营销的手段进行过度的公益营销，为公众所诟病。

因此，企业急需找到一个公益出口，在帮助企业更好地规划管理公益资源的同时，协助企业实践战略慈善，从而实现企业和社会发展的双赢。

（二）米公益与企业的支持型合作关系

互联网时代催生了新的生活方式，公益活动不断依托网络而进行，对上述问题的洞察俨然成为"互联网+"下公益与企业融合的突破口。而这也正是近年来互联网整合型公益平台涌现的根本动力，它们希望弥补企业的公益缺口，帮助企业联动公益资源，满足企业在公益和营销上的双重需求。

作为此类平台的后起之秀，米公益凭借着有效的公益循环体系逐渐在企业中赢得良好的口碑。据米公益管理者介绍，目前米公益已经获得了包括微软、百度、强生、安踏等多家企业的支持与合作。在合作的过程中，米公益希望与企业搭建一种支持型的合作关系。

一方面，米公益能够争取到有利于平台发展的经济资源、人力资源、传播资源或技术资源等社会资源，从而实现平台"公益正循环"的目标。具体来说，企业会给平台项目提供物质资助，同时利用自身的传播渠道对项目进行宣传推广。此外，企业还会根据项目的实际执行情况，提供一定的服务费，支持平台对项目的运营管理。

另一方面，企业的公益和营销需求会得到双重满足。米公益平台中的公益项目类型涵盖公益的许多领域，包括环保、教育、助老助残、社区服务、扶贫赈灾、卫生医疗等。丰富的公益项目能够给予企业社会责任的实践更多选择的空间，企业能更容易地找到与之相匹配的公益项目，满足企业的公益需求。而在满足企业营销需求层面，米公益始终以公益为根本准则，协助企业展开公益品牌营销。这具体是指企业既能在专业公益管理人员的协助下，获取与企业专长高度匹配的公益项目，又能通过米公益平台的大量曝光，在公众面前树立起良好的企业社会责任形象，从而传递企业文化，创造企业特有的公益品牌，也达到营销的目的。据米公益管理者所言，米公益会根据平台用户的属性选择合适的企业物料，不允许企业产品的硬广植入，因此不会产生过度营销的问题。

由此看来，影响力收益是企业战略慈善重要的需求之一。为了让项目成果更加直观，米公益以量化的方式来评估项目的公益效率与实际影响力。在这一点上，米公益的管理者特别指出，这是一种将公益产品化的思维。平台运营者可以通过项目的曝光度和参与度量化实际的公益转化率，进而评估项目的公益效率和企业在该项目中的影响力收益。

（三）以立体、互动、共赢的方式，将公益渗透企业的各个方面

据米公益管理者所说，在与企业的合作中，企业能够为公益活动提供更多更有效的资源支持，而米公益则会帮助企业策划出适切的公益主题以及匹配合适的公益项目。通过访谈和实际调研，我们发现米公益的活动主要依托线上进行，如米公益 App 和微博，如今也有往微信小程序发展的趋势。只有少数活动会应客户需求在线下举办，比如美的地产"乐跑中国"的活动。这主要是因为移动互联网运营成本较低，公益形式和内容能够更加多样有趣，可以快速调动公众的参与感，提高公益效率。

以 2016 年年底"星展银行创新公益季"项目为例，米公益融入当下年轻人所关注的热点，给星展银行策划了 3 个主题活动——"挑战被窝封印""拯救濒危动物""提高金融财商"。这 3 个活动依托于米公益 App，公众通过积攒步数、早起打卡、参与金融知识测验，就能获得虚拟大米，支持真实的公益项目，其中虚拟大米由星展银行配资捐赠。我们发现该项目的最大亮点是既解决了传统公益"高门槛、体验差、受众影响小"的问题，又是一次成功的"助人自助"公益模式的探索。

从企业层面来看，公益形式的互动性与内容的专业性给了企业公益更多创新性的思考。企业可以利用自己的专长实践公益，通过知识的渗透传递企业的金融价值观，在公众中塑造出良好的企业形象。此外，在"拯救濒危动物"的活动中，米公益更是帮助企业联动外部资源，成功扩大了企业的曝光度。在调研中我们了解到，该活动以团队的名义进行捐米，捐米用户有机会为种下的树命名。由于活动形式的创新，该活动在微博上很快得到明星粉丝团的响应，不仅宣传了企业，而且将大量粉丝用户吸引到米公益 App，实际参与公益活动。

更有趣的是，我们发现米公益不仅能够为企业打造全民性的公益活动项目、帮助企业塑造良好的对外形象，而且能够满足企业对内的需求，传播企业内部文化，提高企业内部员工的公益参与感。通过访谈我们了解到，米公益会根据企业的需求给企业设计专属版的米公益企业版，企业员工只需要在 App 的某个入口输入密码即可进入。在企业版中，企业有较大的发挥空间，包括 App 开屏、内置 banner、决定公益项目以及主题活动。而且，企业版米公益的

对象基本为企业的内部员工,他们可以通过组队挑战的形式参与公益,增强团队凝聚力;也可以参与企业主题性活动,增进员工对企业的了解和归属感。然而,从访谈中,我们也了解到企业版 App 扮演的角色更多是"一次性"团建工具,很少企业会将其作为持续性的参与内部公益品牌活动的平台。这从某种程度上也反映出作为一个相对年轻的公益平台,米公益尚未建立起持续的品牌影响力。

(四)价值共创的三个重要指标——"新玩法""高匹配""公益为先"

从整体来看,米公益对企业来说,它的角色定位是公益项目的匹配方、主题活动的策划方、外部资源的联动方,以此帮助企业慈善行为产生最大的价值。在该过程中,"新玩法""高匹配""公益为先"是维持双方支持型合作关系的三个重要维度。

"新玩法"是吸引企业进驻米公益的直接动力。米公益能够灵活运用新媒体渠道(如微信、微博)将公益产品化,产出更多有趣、交互强的新玩法,从而焕新企业传统公益模式。

"高匹配"是维持合作关系最有力的推动因素。在访谈中,米公益的管理者多次提及企业一致的诉求,即把公益内容与企业品牌理念结合在一起。而且项目与企业的匹配程度会直接影响企业的价值创造。因此,在实际执行中,米公益工作人员会评估企业的品牌理念、产品特征以及能力专长,在公益项目库中选择合适的项目或者直接策划出符合品牌调性的公益品牌营销活动。

"公益为先"则是维持关系正向发展的根本准则。公益产品化的目的是提高公益效率,而非迎合企业产品营销的需求。调研发现,米公益在选择企业合作时,特别强调企业"赞助"方式的公益性,拒绝强硬的广告植入。这使得企业的趋利性减弱,平台的中立性增强,也正是因为平台的中立性,公益品牌营销才真正对企业形象的塑造起到正向作用。

四、米公益与公益组织间联动型资源共享模式分析

(一)组织间资源共享势在必行

公益资源是指被公共组织所持有的用于公益目的的资源,它是影响公益组

织行动的重要变量（裘丽、韩肖，2017）。根据资源依赖理论，任何组织都无法独自获取所需的所有资源，因此，组织的生存需要从周围环境中吸取资源，需要与周围环境相互依存、相互作用，才能达到目的。而公益资源具有稀缺性，公益组织为了获取和维持组织生存与发展的资源，需要充分利用组织自身或组织成员所嵌的社会网络，以争取更多的公益资源。

关于公益资源的分类，学术界主要分为有形资源和无形资源两种：有形的公益资源包括人力资源、资金和通信设备等，无形的公益资源包括社会知名度、公众信任、公益品牌、媒体资源、合法性支持等（翁士洪，2016）。

在我国，面对大众日常多样化的公益服务需求，公益行业依然面临着公益资源不足、公益资源缺乏"活性"、缺乏长期稳定的整合机制的问题（丰武海，2012）。在中国的现实环境下，仍然存在着有官方背景的公益组织资金充足，没有官方背景的公益组织向社会筹款难的问题。因此，将公益资源进行资源共享和有效整合势在必行，这就需要组织间进行协同合作，其本质就是合作方之间的资源交换，优势和劣势资源的互补。

（二）米公益与公益组织间的联动型资源共享模式

裘丽和韩肖（2017）研究发现，非政府组织之间存在支持型资源共享模式、互补型资源共享模式、联动型（或增值型）资源共享模式三种资源共享模式。其中，支持型资源共享模式指成熟的公益组织将优势资源转移到成长期的公益组织；互补型资源共享模式指各公益组织之间互通有无，通过资源协作平台进行公益资源的相互交换；联动型（或增值型）资源共享模式指公益组织通过构建公益产业链、推广优质服务品牌等联动方式来实现资本的价值增值。

联动型资源共享模式又可分为公益产业链型、资源辐射型、关键性资源驱动型三种类型。在实际调研中发现，米公益在与公益机构进行合作时，采用的是联动型资源共享模式，主要体现为公益产业链型和资源辐射型。

1. 公益产业链型资源共享模式

就公益产业链型而言，该合作模式借鉴了"市场"的概念，将公益领域的上、中、下游组织整合在一个产业链中，不同组织在各个环节相互配合。在传统的公益模式中，做公益必须一手包办公益链条的每个环节，从劝募到运营资金，再到运作项目，长长的公益链条加之有限的管理费用使得公益组织负担过重。为了缓解该问题，米公益将自身角色定位为串联产业链的联结者。

调研发现，米公益会协调公益产业链各组织的利益关系，帮助上游的资金提供者和下游的专业服务组织进行项目匹配，解决公益组织的资金压力。与此同时，作为一家新型的互联网公益平台，米公益不仅能借助创新公益模式吸引捐赠资源流入公益行业，也能使公益项目得到快速曝光和展示推广，吸引公众的参与。此外，项目进展也能通过米公益平台及时反馈给各利益相关方，如项目的内容、捐献额度、筹米进度以及项目反馈，有助于公益组织建立起良好的信誉。由此看来，米公益在公益产业链中开展协作，降低了公益组织的负担，提升了项目筹款的效率，还提升了公益组织在公众心中的知名度。

2. 资源辐射型资源共享模式

米公益与公益组织之间也表现为资源辐射型的合作关系。资源辐射型的共享模式指组织中的某项资源通过网络辐射为其他组织所用，从而能够实现组织间的资源共享与增殖。

一方面，公益组织为米公益提供了丰富的项目来源，这是米公益能吸引到众多企业和个人的根本原因。米公益平台上的项目涉及环保、教育、助残、医疗、赈灾等众多领域，丰富的项目背后是公益组织的支撑。

另一方面，米公益平台的品牌信誉度和审核机制能够为项目的信用背书。据米公益负责人所言，在审核公益组织时，米公益首先会对公益组织的基本情况进行初审，如组织的合法性、组织的专业能力以及组织以前是否有负面新闻。接着，会重点审查公益项目，审核标准包括项目的现实意义、项目的可操作性、过去是否有举办过类似的项目等。最后，平台会邀请米友团的成员或平台内外部的专家进行审核。由此看来，平台轮番严谨的审核机制给米公益塑造良好的品牌信誉度的同时，也减弱了公众对公益组织或公益项目的不信任感。

此外，米公益平台也为公益组织提供更高的曝光度。在我国，公益环境向来比较封闭，公众也尚未养成跟踪公益进展的习惯，公益项目信息不透明问题也因而成为常态。正如中国社会科学院社保政策研究中心主任杨团所说，中国公益更多的是慈善公益组织自说自话的小圈子。因此，米公益希望通过增加黏连性的功能，如早起打卡、每日答题等，让公众有更多的机会参与公益，接触公益信息。

特别地，在米公益联系资助的项目中有许多来自小型的公益组织，其中有不少是小规模专门服务于某个领域人群的机构，如关注建筑工家庭的公益机构"一砖一瓦"、北京憨福儿公益基金会等。这些机构的知名度相对较小，从政府获取资源难，更加需要依靠公众的力量。而对米公益平台来说，和小型公益组织合作速度更快、合作难度更低,这也是一个双方互利的选择。

(三) 米公益与公益组织间合作模式的思考

在米公益与各公益组织合作的过程中,公益组织提供优质项目,米公益负责审核、推广和联系配捐方。项目集"米"成功后,公益组织执行项目,并向米公益平台提交项目反馈,米公益对项目执行情况进行监督。双方形成了双向、平等的良性互助合作模式。

但同时,经调研发现,米公益平台上也有不少无法成功的"筹米"项目。对此,米公益管理者提到"好项目的标准是公众认可,所以未成功筹米的项目在这里不能称为好项目,这些项目因此被放弃而不能上线"。公众决定项目去留是米公益平台的一大特点,受访者也提到这是吸引公众参与公益的重要推动因素之一。但用户通常都是运用碎片化的时间登录米公益,那么将公众投票作为唯一标准是否适用于公益项目的选择?

经过分析和观察发现,在短暂的时间内,公众未必能够认真选择公益项目进行捐赠,他们更可能选择系统排序靠前的项目或者筹米数较高的项目进行捐赠。此外,普通公众也未必有能力对项目的紧迫性和价值性进行判断,他们大多数会根据自己的兴趣进行项目选择,比如明星的粉丝可能就只会青睐那些自己爱豆代表的项目。

由此看来,用户的使用习惯、筛选的认真程度和捐赠动机都会直接影响到公益项目能否实践。这样,项目执行的"难"从没有资金变成了无人支持,并没有实现真正的"让天下没有难做的公益"。因此,米公益作为一个负责任的公益平台,除了将公众支持作为第一标准,也应该考虑其他标准,如项目关注的人群比较小众、项目关注的问题急需解决等,并恰当运用平台的力量予以支持。

五、米公益影响公众参与公益的服务设计分析

(一) 互联网催生"人人公益",米公益凝聚用户长期参与

互联网的普及和手机移动端的发展催生了新的生活模式,公益界也随着互联网的潮流经历着前所未有的变化。传统公益苦于时间和空间的桎梏,而互联网时代打破了这两道藩篱,其公开性、便捷性、即时性等特点,让更多人都有

机会参与其中，也赋予中国公益新的生命。一度因不够公开透明而面临信任危机的公益事业，在互联网普及的今天，也让民众拥有了监督的机会和途径。无论从何种意义而言，互联网公益正在成长为"全民公益""大众公益"。

随着互联网公益的产生和不断进步，公益的形式也从单纯的捐款捐物向更多创新形式转变。如蚂蚁森林、腾讯公益的"一元捐画"等活动，都跳出了单纯"捐款捐物"的圈子，以创意的形式吸引了众人的目光。然而，尽管互联网的出现助推了"公益爆款"的产生，但"爆款"终是凤毛麟角。在互联网信息流极其庞大、热点事件不断变化的环境中，公众的注意力往往难以集中，这些"爆款"活动能否为公益事业带来更多新的力量，能否引导人们长期、稳定地参加公益，仍有待商榷。许多优质公益活动也淹没在信息洪流里，如何引导公众长期稳定地关注，如何吸引更多人参加，也是当下互联网公益必须思考的问题。

米公益 App 则凭借有趣的公众参与模式，凝聚了一批忠实的用户一起做公益，其公益项目更在微博等社交软件上引起热议，吸引了众人的目光。据调查，目前米公益 App 总用户数量约 300 万人，月活跃度约 20 万人，核心用户群"米友团"也扩展到 300 余人。那么，为何米公益能吸引这么多用户一起做公益？在该平台上，用户的参与机制是如何的？影响用户参与的心理及行为因素又有哪些？

（二）米公益平台吸引大众参与的服务设计模型阐释

张书婷（2017）提出的大众参与模型，将用户在米公益上的服务体验阶段分为三个阶段：感知状态、反馈评价和参与方式，并指出这三个阶段中影响大众参与的重要因素。因此，我们借鉴了该模型公众的公益轨迹，并通过实际调研，总结出影响公众在平台公益实践的重要因素，从而得出米公益 App 中大众公益参与的模式。（见图 5-3）

1. **感知状态：信任和利益**

感知状态是公众在参与公益前，对公益组织及公益活动形成的个人感受和认知，反映了用户对公益活动最初的参与态度。其中，信任和利益是影响用户感知状态的两大重要因素。

首先，在信任感知的构建上，米公益融合了互联网公开、透明的特征，在其公益项目一系列的流程设置上都回应了公众透明和承诺的需求。公众可以通过 App 查看发起方的详细资料以及此项目的具体内容，以捐"米"的形式投

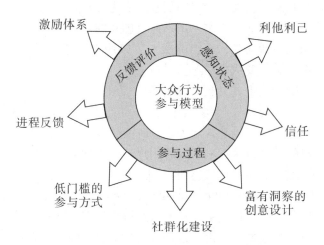

图5-3 米公益App中大众公益参与的模式

票,决定项目是否能够上线,随时查看项目积攒"米"的过程,获取项目的阶段性反馈。这些举措都为用户与平台间双方的信任打下了基础。

其次,米公益在服务设计上也满足公众"利他利己"的需求。传统公益,甚至许多网络公益活动,往往强调物质层面的"利他"和精神层面的"利己"。但在米公益,通过每日早起、积攒步数、和亲人打电话、答题等"利己"的方式就能获得"大米",用户在平台上"捐米"就能够为公益项目及相应的受助者争取受捐物资,达成"利他"的目的。米公益鼓励用户在参加公益的同时成为"更好的我",除了有参与公益所带来的精神层面的满足,还有人际关系层面、身体健康、个人知识和生活习惯方面的自我收益。

米公益将做公益、健身、获取知识、和亲人联系感情的功能串联起来,这一系列的服务设计,对于用户来说,最大的意义在于"利己"和"利他"的双向满足。毕竟,在当下许多互联网公益产品和个人管理产品(如番茄时钟)中,往往只回应了其中一个需求。而对于米公益本身来说,这样的设计也彰显了平台的价值观,进一步加深用户的正面感知。

2. 低门槛的参与方式、社群化建设和富有洞察力的创意设计

参与行为是用户在积极感知状态下,亲身实践公益的行为。在米公益中,低门槛的参与方式、社群化建设和富有洞察力的创意设计,也是激励用户参与的有利因素。

米公益让公益从自上而下的封闭黑盒转变为大众日常生活中触手可及的点滴行动，降低了用户的参与成本。用户通过创新的互动式参与，如行走、打电话给亲人、参与问答活动等，就能够赚取可以用来捐给公益项目的"大米"，使得公益能够融入甚至变成生活习惯。

　　在其社群化的建设上，社区的搭建和互动的建立也凝聚了一批活跃的用户。米公益中用户主要通过互相关注、发布动态以及参与"米树洞"等活动来实现彼此之间的互动，构建人际关系。时间越长，频率越高，相互间的联系就越复杂，形成的互动也越深刻。随着用户涉入程度的不断加深，用户逐渐在"米树洞""图书漂流"活动中建立与其他用户的互动关系，最后加入"米友团"，进入QQ群，成为米公益的核心用户，参与对项目的决策和功能的试用，形成更强的群体归属感和认同感，从而激发持续的互动和参与。

　　米公益富有洞察力的项目设计也是吸引公众参与的一大亮点。正如其负责人所说，米公益大胆地跳出"公益组织"的定位局限，像公关公司一样，将创意融入其公益项目和传播的设计之中，为企业和用户带来了一系列亮点颇多的活动。例如，2017年举行的"33爱耳故事接龙"就以故事接龙的形式在微博展开，并选取优秀的故事录制成音频给予听障儿童作为康复训练材料，当时在微博上吸引了众多人的关注。

　　但米公益并非为了创意而创意，这些创意的提出也暗含了米公益对社会问题和平台用户属性的洞察。米公益的项目除了关注助学、扶贫、残障人士等方面的问题，更洞察了随着现代社会的发展而出现的新型社会问题，例如现代人的情感需求。以2017年母亲节举办的"真心话明信片"项目为例，参与者能够在活动页面录下给母亲的真心话，制成"声音明信片"，把平日里未能说出口的爱说出来。实施这一项目的初衷，正是由于米公益洞察到现代人与亲人间的"情感缺位"问题：许多人出于长期离家、生活忙碌等各种原因，与亲人鲜少见面，缺乏沟通的机会和合适的表达爱意的途径。因此，米公益就从"母亲节"这一热点切入，为参与者提供一个向母亲表达内心情感的活动平台，呼吁人们关注这一问题。

　　而基于平台受众需求和年轻化属性的洞察，米公益的活动也与新媒体紧密结合，在微博、微信和小程序等众多平台进行公益尝试。不仅如此，米公益也关注到了明星效应对项目的传播推广，因此，无论是在米公益的日常公益活动，还是在其举办的特殊活动之中，都不乏明星的身影。明星的"流量带动"无疑能够为公益活动本身带来更高的声量，形成广泛话题效应的同时，能够给平台引入新鲜的血液。2016年推出的"组团植树，为爱命名"活动中，就有许多明星的粉丝组团挑战种树，仅仅两天时间，就有465000人次参与，刷新了米公益的记录。

3. 反馈评价：进程反馈机制和激励机制

在参与公益活动后，用户会进入反馈评价阶段，即对参与的过程及服务本身的内容进行行为及价值反思，与参与前的感知和预期进行对比。通过这一过程，用户会形成对服务的二次感知，从而影响下一次的参与，甚至成为影响其持续参与意愿的核心要素。米公益在服务设计中包含了进程反馈机制和激励机制，以回应公众"自我反思"的需求。

米公益会定期以图文的形式发布项目反馈。一方面，进一步印证项目的真实性和平台、公益组织执行的能力，有利于进一步构建用户信任，促进公众持续的关注和参与。而另一方面，及时跟进项目反馈，也能够给予捐赠者认同感与成就感，帮助他们达成自我实现。通过查看项目进程，生动的图文可以让参与者感知到自己的行为确实对受助人群有所助益，获得成就感；能够生成捐赠记录分享到社交平台，也满足用户的自我表现需求。用户验证其参与项目前对公益活动的价值判断，进而加强对自身行为的认同，从而促进持续的关注和参与。

而在米公益App的激励体系中，包含等级激励：用户可以通过"捐米"提高等级，等级越高的用户能够享有越多特权，比如提高自己账户的"存米"额度；勋章激励：对用户行为如"捐米"、答题进行奖励，有时也会为"米粉"提供一定的实物奖励。

但是，米公益的激励体系是否真的能够有效促进用户行为？尽管受访者表示此举意在鼓励公益行动，但这样的激励体系在互联网产品中已属常见状态，且给予用户的收益和鼓励并不明显，很多时候还被视为"鸡肋"一样的存在。因此，对于涉入度不高、仅仅是想在日常生活中随手做一下公益，没法达到高等级的普通大众而言，这个激励体系并不能有效地促进他们进一步深入探索平台的高级功能。我们认为，如何找到这部分用户群的痛点，让激励体系能够在引导他们从"路人粉"转变为"铁粉"的过程中起到作用，是米公益需要进一步思考的问题。

对核心用户来说，米公益的激励机制有一定的鼓励作用。核心用户在持续的参与过程中，其等级会越来越高，达到一定级别后，能够申请进入"米友团"和"米饭团"。这两个团体的成员不仅可以参与到App的新版内测中，更能协助米公益开展线下活动，甚至能够直接接触到米公益的工作人员，为米公益的发展发言献策，并参与到项目的审核之中。这样的举措无形中对核心用户起到了一定的"筛选"作用，也是对核心用户群的认可和鼓励，能够培养这批用户成为辅助米公益成长的重要力量。

（三）建立良好的大众参与服务设计的必要性

对米公益而言，搭建良好的大众参与的服务模式很有必要。在其用户体验的"感知状态—参与方式—反馈评价"三个阶段中，"感知状态"是用户决定参与的先决条件，其中信任感知和互利感知是决定的基础因素；参与行为影响用户参与的体验，低门槛、社群化和活动的趣味性、明星的带领作用都是激励用户参与的重要因素；反馈评价影响公众持续参与的意愿，激励机制和进程反馈机制有助于形成正面反馈。

其中，"利他利己"的双向利益桥梁、富有洞察力的项目设计是米公益最突出的两大亮点所在。"助人自助"的理念有利于构建价值认同，深度连接生活的"自助"功能设计也进一步加深了用户黏性，使公益行为不再是单次、被动参与的行为，而是吸引公众主动、常态化地参与到公益项目中。而富有洞察力的项目设计，一方面丰富了活动的趣味性，吸引了用户参与，为米公益和企业带来了巨大的"流量"；另一方面也为公益事业带来了更多的关注。

整体而言，米公益突破传统的"企业捐赠，组织执行"模式，引入公众决策、公众参与的环节，既让"人人公益"的概念得到落实，让公益受到更为广泛的关注、参与和监督，又引入庞大的用户群体和"流量"，满足了企业的需求，鼓励了企业入场参与，形成了良好的循环。

六、总结

"人人公益，处处可为"是微公益最本质的属性，也是激励社会大众参与公益的重要因素。微公益强调的是，公益不再是一个独立于个人生活以外的"利他"行为，而是变成一种生活方式，融入人们的日常生活当中。而互联网元素的加入，除了强调全民的参与，也愈加使资源的整合、价值的共创成为可能。

互联网微公益充分利用互联网大众化和传播迅速的特点，使公益行为变得常态化，真正实现"人人都是公益的主角"。然而，互联网的开放性使得公益资源太过分散，不利于提高各公益主体参与公益的效率。因此，部分公益组织开始借助互联网探索跨界合作、整合资源的新道路，整合型公益平台应运而生。此类公益平台采用的是新型的组织运作模式，平台的角色不仅是公益项目的组织管理者，更重要的是承担了第三方中介协调的作用，将相对分散的公益资源与微型公益机构及团体聚集起来，形成更完善的公益慈善生态。因此，米公益作为国内首个整合型移动互联网公益平台，其创新的三方利益协同机制具有代表性，这也是本节重点探讨的核心所在。

通过实际调研，我们发现米公益的主要利益相关方为企业、公益组织以及公益个人。对企业来说，米公益能够帮助企业进行公益项目的匹配、策划符合企业文化的主题性公益活动，以及指导企业更好地联动外部资源。当然，企业的进驻也解决了米公益平台项目的筹资问题以及平台的运营资金问题。而对公益组织来说，米公益将自己定位为公益产业链的联结者，协调产业链各部分的利益关系，从而帮助公益组织缓解了公益项目难筹资、难宣传、难透明的"三难"情况。公益组织也能够给平台提供丰富高质量的项目资源，以吸引其他利益相关方的参与。作为一款互联网公益产品，公益个人是平台最为直接的利益方。因此，米公益将公益体验与移动互联网相结合，以大众参与的服务设计的理念构建平台的板块功能、策划平台的活动、进行用户运营，将自身打造成优秀的互联网产品，从而吸引潜在用户的参与，维系现有用户的黏性，提升核心用户对平台的忠诚度。根据公益个人的需求优化公益产品，有利于构建个人对公益的价值认同感，深化平台"助人自助"的模式。

然而，我们的调研也发现了米公益平台目前对公益项目的运营管理机制以类似"市场竞争"模式为主，仅凭公众主观偏好决定公益项目去留的唯一标准似乎显得太过绝对。App 的部分板块设计对于公益产品也并不完全适用。或许未来米公益能够进一步调查公益个人在平台上的使用轨迹，从而优化产品功能，更好地实现平台的公益价值。

本节参考文献：

[1] FREEMAN R E, EVAN W M. Corporate governance: a stakeholder interpretation [J]. The Journal of Behavioral Economics, 2001 (19): 337 – 359.
[2] 蔡宁，江伶俐. 利益相关者视角的非营利组织信息披露研究 [J]. 财会通讯, 2014 (3): 90 – 92, 129.

[3] 程国平. 管理学原理 [M]. 武汉：武汉理工大学出版社, 2015.

[4] 丰武海. 浅谈公益资源整合 [J]. 全国流通经济, 2012 (11)：42-44.

[5] 葛笑春. 企业与非营利性组织的关系管理：利益相关者的视角 [J]. 科学学与科学技术管理, 2010 (5)：183-186.

[6] 郭尧, 黄智宽, 石晶. 中国公众的互联网公益观调查 [J]. 网络传播, 2017 (2)：81-84.

[7] 黄海艳. 公众参与农村公益项目的参与机制研究 [J]. 开发研究, 2006 (4)：58-61.

[8] 鲁俊池. 公益项目中非营利组织与企业合作关系研究 [D]. 北京：首都经济贸易大学, 2013.

[9] 潘旦. 民间公益组织面向企业的社会行动研究——基于W市民间公益组织的实证研究 [J]. 华东经济管理, 2015 (11)：157-162.

[10] 钱玲. 微公益特征对个人公益参与行为影响研究 [D]. 武汉：华中科技大学, 2015.

[11] 裘丽, 韩肖. 我国草根NGO联盟组织间的资源共享模式探讨——基于华夏公益联盟案例分析 [J]. 行政论坛, 2017 (2).

[12] 万志强. 微公益组织公众参与度研究——以江西为例 [J]. 大观, 2016 (10).

[13] 王大庆. 探析互联网公益项目的传播特征——以"蚂蚁森林"为例 [J]. 新闻研究导刊, 2017, 8 (23)：96-97.

[14] 王慧, 田佳奇. 公民参与人人公益 [J]. 中国国情国力, 2015 (1)：79-79.

[15] 王玉生, 盛志宏, 李燕. 网络公益组织资源动员策略探析——以广西公益联盟的成员组织为例 [J]. 学术论坛, 2014 (8).

[16] 翁士洪. 公益资源的运作途径和机制 [J]. 国外理论动态, 2016 (6)：56-63.

[17] 徐雪松, 任浩. 企业公益行为与利益相关者管理的关系 [J]. 现代经济探讨, 2007 (1)：66-69.

[18] 阳镇, 许英杰. "互联网+"背景下企业社会责任变革趋势与融合路径 [J]. 企业经济, 2017 (8)：38-45.

[19] 曾庆香. 微公益传播研究——主体. 模式. 影响 [D]. 武汉：武汉大学, 2014.

[20] 张戟晖. 基于利益相关者视角的我国 NPI 发展研究 [D]. 杭州：浙江大学，2009.
[21] 张书婷，巩淼森. 移动互联网下面向大众参与的公益服务设计策略 [J]. 设计，2017 （15）：54-56.
[22] 张莹. 互联网品牌的公益传播探析——以"99 公益日"为例 [J]. 科技传播，2017 （24）：147-148.

第三节 颗粒公益：探讨影像传播在公益中的应用和价值

一、颗粒公益的介绍

颗粒公益传播发展中心（以下简称为"颗粒公益"），是一家专注于为公益组织、基金会和企业 CSR（corporate social responsibility，企业社会责任）提供影像传播与品牌咨询服务的公益支持类组织。组织愿景是有屏幕的地方就有公益广告。借助影像，让公益看得见。借助品牌，让更好的公益组织影响更多的人。颗粒公益现拥有 51 名专业导演、193 个服务机构、433 个视频作品，足迹遍及 34 个城市。在过去的 4 年，颗粒公益与超过 200 家组织达成合作，影像作品深入到社区、校园、公交车和地铁。组织曾获"2014 南方致敬公益组织奖""入围 2015 责任中国公益机构奖""中国民政部行业突出贡献奖""中国慈展会社会企业认证——中国号社企""2015 公益映像节最佳作品奖""2015 北大安平公益创新新锐奖"等多项全国性公益奖项。

二、影像传播服务

（一）影像服务内容

主要包括宣传片、公益广告、MG 动画、视觉化传达整体解决方案的制作。公益广告旨在宣传理念，帮助展现机构的品牌精神和理念，用丰富的、贴合的视觉元素进行创意包装，以呼吁公众关注某类社会性问题，支持或倡导某种社会风尚。而 MG 动画主要适用于科普知识或介绍数据量、信息量较大的内容，呈现基调通常为轻快活泼。视觉化传达整体结局方案，主要是针对合作方的具体需求，颗粒公益提供一系列的视频短片摄制和后期宣传的打包服务，满足机构在不同发展阶段、不同场景的宣传需求，力求丰富机构的品牌视觉化元素，通过宣传推广，提升品牌识别度及影响力。

其中，宣传片又主要细分为项目宣传片、机构宣传片和品牌理念宣传片。

项目宣传片主要向受众阐述项目内容，希望受众通过影片，对项目有更全面和具象的了解。视频具体详细地表现了项目缘起、项目目的、执行流程、成果展现等主要内容，并且根据用途有所偏重。同时，除项目宣传外，还可进行活动花絮和项目回顾的影像制作，可运用于各渠道的项目宣传推广、项目筹资洽谈、项目申报和项目资料总结等。

机构宣传片主要用于向受众清晰展示机构的行业定位、愿景追求、整体运作和机构文化，综合各方面以达到推介机构的目的。可运用于机构推广、筹资洽谈、展会展示和资助申报等活动中。

品牌理念宣传片主要通过对机构品牌理念的解读，通过故事或者场景描述等方式，对品牌理念进行视觉化的呈现，让受众能通过熟悉的生活场景引发共鸣，从而增强对品牌理念的认同感。可运用于各渠道的机构推广、筹资洽谈、机构招募、展会展示、资助申报等。

（二）影像服务流程

影像制作主要分为四个步骤：报价、提案、制作、传播。在这一过程中，颗粒公益具有三大"透明优势"，即报价看得见、导演看得见、进度流程看得见。客户可以进行定制化报价，可查看、选择喜爱的公益影像人才，并且可以随时搜索机构名称，查询视频制作进度。以下便是颗粒影像制作的具体流程。

第一步，报价：由客户线上报价，获得透明定制化报价单；再由客户经理和客户开展一对一沟通。

第二步，提案：主要是确认合作意向。客户经理根据客户需求与机构或项目资料，完成"客户需求表"，最大限度地了解机构、项目信息及客户需求；再由影像中心总监召开需求分析会，与会人员深入分析该客户的需求，并逐个发表对该项目的制作创意；紧接着，由影像中心总监根据创意、工作量及成熟度确定该项目的执行导演；之后，向客户提供视频提案与项目简报；最后便是签订合同并交付首款。

第三步，制作：①执行导演召开项目启动会并形成工作流程，就影片内容、时间进度、细节设计、所需资源等与客户进行沟通确定，向客户出具"资源需求表"；②与客户沟通确认具体拍摄细节后进行拍摄前的准备工作，执行拍摄；③建立项目专属文件系统，对拍摄和后期素材进行收集与备份；④确认分镜终稿后进行影片初稿制作，根据客户意见对影片进行修改与定稿；⑤成片提交，尾款交付；⑥进行客户意见反馈收集并进行服务质量提升与项目复盘。

第四步，传播：通过汇集了国内外最前沿的公益影像传播干货的资源共享平台——看得见平台"传播官之家"。同时，运用互联网大数据抓取技术，实现智能抓取最火热的实用干货，包括国内外经典公益视频传播案例、影像传播方法借鉴与渠道汇总等，实现公益影像传播资源一站式全搜罗。

（三）品牌咨询服务——"益见"公益品牌诊断

颗粒公益通过与公益组织的大量接触，发现有很多机构缺乏品牌规划和塑形意识，因此，每到机构发展后期，品牌乏力严重制约机构发展。针对目前公益机构品牌塑型的需求，颗粒公益依托长期的一线公益行业沉淀与深刻洞察，根据行业的典型困境与挑战，研发出适合公益组织自身发展特点和规律的品牌建设全套解决方案，旨在帮助机构厘清自身及行业现状，洞悉机构内部的风险因子并有效调整品牌战略思维。

"益见"公益品牌诊断主要提供机构品牌定向、定制化题库设计、问卷答题情况追踪、公益大数据抓取及分析、报告撰写及解读、报告效度反馈、问题对应工具及方法论提供等全套定制化服务，深度解决公益组织品牌建构及战略规划问题，真正做到为公益组织赋能。

品牌诊断的流程主要分为四个阶段：第一阶段从品牌、团队、风险因子三方面对机构进行 PAB（primary assessment of brand，品牌初步评估）诊断测试，并为机构制作专属诊断报告；第二阶段以组织调研的方式，对机构进行品牌现状系统化评估（SAB 测评），并产出评估报告，进行报告解读；第三阶段是内化培训，一方面帮助机构进行品牌知识内化，调整机构品牌路径，提升机构集体品牌意识，另一方面导入案例开发方法论，引导产出机构自身案例库；第四阶段是重新梳理机构年度品牌大事件，对品牌活动传播进行优化，并设计"公益组织×跨界企业×颗粒公益"创新跨界影像传播服务。

(四) 其他代表项目

1. 青年导演计划

青年导演计划于 2014 年 5 月发起,在全国范围内甄选具有影像制作能力和传播策划特长的青年,为优质公益组织进行宣传片摄制,实现传播推广和项目筹款。在满足公益组织传播需求的同时,也为青年人打造了一个体验社会和参与公益的创新平台。

该计划现已成功举办两届,2014 年青年导演计划帮助了雷励中国、一公斤盒子等 6 家优秀公益组织免费拍摄了宣传片,获得了公益组织的好评。2015 年项目为参与机构筹集超过 760 万项目物资,所有作品线上点击量超过 340 万次。

2. 家家有个宣传片

由颗粒公益与南都公益基金会、爱佑慈善基金会联合策划并邀请各领域标杆基金会在 2016 年联合发起,为公益组织提供视频制作和与视频传播相关品牌及咨询服务的费用配比项目。这也是由广州市民政局主办、广州市社会组织联合会承办的 2017 年广州市第四届社会组织公益创投项目之一。

项目主要开展方式为与各大基金会和区域支持性平台联合招募有品牌建设需求的公益组织,为其提供配比一定的宣传片摄制费用(剩余费用由入选机构承担),并根据实际需求开展相关品牌培训活动,协助受资助机构完善自身的品牌宣传体系建设。具体而言,颗粒公益会为符合标准的入选机构提供一条价值 8000～15000 元的定制项目宣传片,南都公益基金资助 50% 的拍摄费用,机构则承担剩余的 50% 费用。三方联合,协助公益机构完善自身的品牌宣传体系建设,降低运营成本,专注核心业务,提高影响力。

3. 中国公益映像节

从 2014 年起,颗粒公益与深圳关爱行动联合国内大型基金会共同发起中国公益影像联盟,通过征集与展映公益影像,向公众投放"认知",使公众认知与公益行业认知一致。

国内外已注册的社会团体、民办非企业单位、基金会、政府、企业及个人都有参赛资格。自 2017 年起,在 83 个城市线下空间和户外大屏幕播放所投放的公益广告,至今已有超过 2000 部公益影像参赛作品,线上线下播放渠道展播的年播放量达 570 万次。

三、颗粒公益的成就与困境

（一）颗粒公益作品分析

颗粒公益作品目前主要包含事件记录、动画、人物群像、人物采访和剧情类，分别以中兴"筑梦万里行"宣传片、食物银行宣传片、信息无障碍理念宣传片、北京农禾之家咨询服务中心宣传片、深圳宝安妇联反家暴宣传片《熟悉的眼神》为代表，结合时下流行的视频风格进行创作，一般画面较为朴素、时长较短，所涉题材也十分广泛，包括外来农民工、反家暴、罕见病、阅读推广等社会热点问题与边缘问题。

以北京农禾之家咨询服务中心宣传片为例，这条宣传片以农禾之家的一个项目专员为主角，通过镜头讲述他长期驻扎，并且带动村民形成自发管理，帮助村民探索生态可持续状态下实现在地农民就地现代化的可行道路。宣传片以项目专员为线索贯穿，通过日常的活动徐徐展开农禾之家农民共富、集体发声、城乡平等、互补共荣、社会和谐的愿景和使命，极具代入感。

在颗粒公益与深圳宝安妇联合作的《熟悉的眼神》这部反家暴宣传片以"倒带"的创意手法追溯家暴者施暴的起源，从"成年时期的悲剧"到"青年时期的冷漠"，再到"少年时期的孤僻"，最后发现原因竟是"儿童时期每天躲在角落里目睹父亲家暴的场景"，点出了"不要让家暴毁灭你的下一代"的主题，这种"时光倒流"的方式引人深思。通过影像让公众了解到暴力的传染性，倡议"反家暴，不做一个旁观者"的理念。

（二）颗粒公益合作案例

1. 合作对象——满天星公益

创始人梁海光说，公益组织有很多想法，而颗粒公益让这些想法变成现实。满天星公益和颗粒公益合作至今已有3年，2015年前的宣传片拍摄费用全免或用资金置换，而2019年起，满天星公益会针对一些合作项目开始为颗粒公益拍摄的片子支付费用。梁海光表示，公益传播一方面让机构的工作被更多人知道，并得到支持，另一方面可以让更多的人成为志愿者或直接带来捐款的增加。2012年满天星公益筹款金额为88万元，2013年上升至145万元，去年为169万元。没有好的公益传播就很难筹到款，也招募不到优秀的志愿者，所以对公益传播投入的比例和产出的效果是成正比的。

2. 合作对象——灵山基金会

"为爱行走"是由中国灵山公益慈善促进会和灵山慈善基金会联合发起主办的大型徒步公益活动，旨在倡导公众通过行走的方式参与公益，并通过团队的努力为民间公益项目筹款。2013—2014年，"为爱行走"已经在无锡、成都成功举办，共计6457人组队参与，带动21431人进行捐款，总计为118个公益项目筹集394万多元筹款。2015年，"为爱行走"则在无锡、成都、广州、南京、张家港5个城市举办。

颗粒公益与灵山基金会合作的《为爱行走》宣传片，通过一镜到底的特殊拍摄手法，将人们从小到大对于公益理解的变化阐述得一气呵成、生动形象。宣传片采用第一人称的角度，使公众更好地代入自身对公益的理解，被影片中"为爱行走"的倡议所感染，在行走的过程中寻找过去忽视的风景，用汗水为贫困山区儿童搭建起知识的桥梁、用笑容为流浪者送去爱的关怀、用行动为需要帮助的人筹集爱心。由此，帮助机构引导公众用徒步的方式参与到"为爱行走"的大型徒步公益活动中。

3. 目前面临的困境

在颗粒公益，组织内导演的薪水远低于行业标准，并且经常面临合作机构资金缺乏的情况。而当提到公益影像，颗粒公益并不会是人们首先想到的对象，知名度的提升任重道远。

目前，颗粒公益的合作对象遍布全国各地，但在各个城市都不是扎根得很深。接下来，需要根据每一个区域市场的不同情况制订不同的策略和方案，与各区域公益伙伴一起将公益的理念植入影像，让注入公益理念的宣传片影响更多的人。而颗粒公益在宣传片传播渠道方面也存在问题。颗粒公益的传播渠道较为传统，如电视台、地铁站和户外广告等，受到快餐短视频的冲击大。如何拓展传播渠道，并在新的传播渠道中对公众产生影响，是一个值得思考的问题。

四、思考与探索

（一）公益传播需要影像的原因

从颗粒公益发展现状来看，该公益传播之所以需要影像传播，原因有三：

一是以区分开各个机构，国内的民间公益组织已逐渐转变到更加注重对弱势群体的精神关怀和对大众进行社会动员上来，影像可以传播他们不同的理念；二是民办非企业单位作为我国独有的民间公益组织模式，在进行社会动员的时候公信力、影响力略显不足，影像传播可以帮助公益组织完成说服过程；三是影像的数字化特征，使其可应用范围广，无论是个人设备，还是广场屏幕，公益影像都有机会传递到位。

公益的表达越来越多元，看见与被看见不再成为被动的接受，而逐渐成为一种主动的选择。公益的传播会受到语言形态的影响，就像现在人们很少写信，都用手机进行聊天了，公益的传播方式如果能适应这个时代，那首先无疑要能被大多数人所接受。影像的产生满足了公众看见与被看见的欲望。通过"第二双眼睛"的纪录与创造，让熟悉或陌生的场景被不同的人感同身受。这是影像的意义，也是公益的使命。

（二）未来发展的建议

一方面，可以对合作对象帮扶的目标进行追踪性采访，制作长期的拍摄计划，做成套的纪录片。这样不仅有利于巩固与合作对象的长期合作关系，而且作品的系列性将有助于增加颗粒公益的宣传效力，同时提升知名度。

另一方面，颗粒公益在拥有自己的公益主张，明确自己的公益价值观的同时，可以拥有至少一项会投入支持的公益事业，身体力行带动社会参与公益，增加影响力；可与有相同主张的企业合作，采用资源置换的合作形式。企业提供资金，颗粒公益提供技术，由企业冠名影片。

颗粒公益还可以选择与高校合作，与开设影视相关专业的高校开展合作，提供实习机会，带领学生参与到公益影像的拍摄过程当中。这样吸引学生参与的方式，既增加了颗粒公益的潜在人才储备，也扩大了潜在市场。

（三）同样践行着影像公益的机构

佳能（中国）有限公司自2008年开始，将环境保护、教育启蒙、文化传承、人道援助、社区关怀作为核心领域，把品牌和企业专属性结合起来，确立了自己的CSR主题和方式：践行"影像公益"。

完美公益文化传播基金每年联合各基金会举办完美公益影像节，展映极具代表性和影响力的公益影像作品，主张用影像推动公益、传承文化、分享感动，希望通过发挥影像的吸引力和感染力，将青年群体的目光聚焦到公益领域，让"公益影像"成为最美的公益教育和传播方式，推动"全民公益"时代的到来。

优酷也与阿里巴巴公益、中国扶贫基金会联合北京当代艺术基金会（BCAF）共同发起中国公益影像发展计划，通过发掘和支持优秀人文公益主题影像的创作、推广和交流，推动现代公益文化理念的传播。

综上，颗粒公益可以和这些企业展开深度合作，一起作为中国公益影像传播的先行者，为我国的公益事业注入新的活力。

五、结语

智利著名纪录片导演顾兹曼曾说过，"一个国家没有纪录片，就像一个家庭没有相册"，这就是如今我们需要公益影像并希望它能够逐渐凝聚影响力的原因。影像，不仅仅是传播的一种媒介，更是打开人们心灵之门的一把钥匙。通过细腻的镜头语言和人物表现，唤起屏幕那一边观众的共情，使得他们认识到这项公益事业需要人支持与关注，公益影像的价值就发挥出来了。

后　　记

在 2019 年 10 月党的十九届四中全会上，当提到我国"以按劳分配为主体、多种分配方式并存"的分配制度时，大会提出"重视发挥第三次分配作用，发展慈善等社会公益事业。鼓励勤劳致富，保护合法收入，增加低收入者收入，扩大中等收入群体，调节过高收入，清理规范隐性收入，取缔非法收入"。在党的十九届五中全会的政策解释中，第三次分配是指在道德、文化、习惯等影响下，社会力量自愿通过民间捐赠、慈善事业、志愿行动等方式济困扶弱的行为。2021 年 8 月 17 日，中央财经委员会第十次会议召开，"共同富裕"再一次被高规格提及，作为第三次分配重要载体的公益慈善事业，成为实现共同富裕的重要路径。

公益传播作为新闻传播学的重要分支学科和应用学科，将在现代公益慈善理念传播、公益慈善组织筹款与运营专业化、公益慈善参与共同富裕和社会治理等方面起到重要的促进作用。但现实是，当前开设公益传播课程的高校较少，公益传播相关案例研究更是少见。无论对高校教学还是业界应用指导而言，一本公益传播案例集是很有必要的。本书是在上述的时代、教育和行业背景下应运而生的。它延续了笔者长期以来在公益传播领域的深耕研究脉络。笔者从组织编纂全国首套公益慈善学教材并撰写了其中的《公益慈善品牌管理》，到参与由广州市社会组织联合会组织编纂的广东省首套社会组织教材中《社会组织品牌管理》和《社会组织公共关系》的撰写，到参与中山大学传播与设计学院的传播学系列教材并担纲其中《公益传播》教材的撰写，再到每年一篇收录于《中国新闻业年度报告》中的《中国公益传播年度观察》……本书既呈现了笔者多年在公益传播研究领域的积累和观点，又对新鲜的行业案例进行了实证研究的分析。因此，它既是本人研究的延续，也是可供业界借鉴的案例库。

本书得以出版，殊为不易。首先要感谢中山大学传播与设计学院对本书出版的支持和鼓励；其次要感谢中山大学出版社王天琪社长、金继伟编辑、杨文泉编辑等的辛勤劳动，没有王社长的大力支持，没有各位编校人员的辛勤劳动，本书也就不能这么顺利地与读者见面；另外还要感谢学院支持开设公益传播这门本科生课程。《公益传播》教材和这本案例集，都是伴随着十余年公益传播课的教学实践而积累的成果。笔者记得刚开始上这门课时，学界还是一片空白，国内既无相关课程也无相关教材。筚路蓝缕，以启山林。伴随着这门课的摸索才有了全国首部《公益传播》教材，现在又有了这本案例集。这本案例集的完成，离不开修读本课程同学们的参与和付出。教学课程中，笔者将每一届学生分成不同小组，结合课程从选题、理论、方法、调研和写作等方面进行全流程的指导。在课程案例分析的基础上，择优选录案例库并重新进行编辑修订和呈现。教学相长，相得益彰。这里对参与本书相关工作的同学们一并表示感谢，他们分别是中山大学传播与设计学院的本科生刘灿娇、王艺涵、王文莹、周游、张颖、刘育谷、刘好星、李梓源、林芝、宋志航、李靖谊、李宇城、索央、周诗画、李娜、王浩明、江浩、彭雪蓉、赖巧欣、吴璇、夏慧中、余淑贤、李敏仪、李晓聪、艾灵、钱天慈、钟云曦、裴宇嘉、杨浩洋、李颂诗、罗宇晴、许舒鸿、邹柏源、李昊、郭佳灵、王冠翔、艾大坤、陈茵、黄采倩、宋林皓、韦程、罗雅诗、谢洁琪、胡婷婷、雷宇、雷颖菁、吴卓钊、莫云婷、茅纯玮、邹家铭、余旭阳、于丹、黄晓华、黄诗惠、苏婧扬、何键敏、何琦琪、黄璟瑶等。最后要感谢的是支持我们开展案例调研的各公益慈善组织。目前，中国第三次分配的主要载体——公益慈善事业发展仍然相对滞后。各公益慈善组织在生存和发展过程中面临不少困难，尤其在传播领域也是处于摸索期。在此对支持我们调研的各机构表示最诚挚的感谢！

  这本案例集，既可以结合《公益传播》教材，作为其姊妹篇成为公益传播相关课程的教学参考书，也可以成为公益实务界进行品牌管理、议题倡导、影响力打造的指导手册。笔者根据多年教学经验、丰富的一手材料进行撰写，力求材料翔实有效，全面系统。但由于书中所涉内容范围较广且编撰时间较为仓促，以及笔者研究水平有限，不足之处难免，希望读者不吝批评指正，以期未来完善。

周如南

2021年中秋于云起轩